知恵を磨く方法

時代をリードし続けた研究者の思考の技術

林 周二

ダイヤモンド社

はしがき

本書の内容は「ヒトの（ことに個々人の）知恵」についての考察である。知識とか情報とかについて学問的立場から分析した書物は汗牛充棟たくさんあるが、知恵に関して研究のメスを加えた書物は絶無に近い。

知識・情報がヒトの躰（ヒトの脳と言ってもよい）の外から入ってくる知であるのに対し、知恵のほうは人の躰の内部から外に向けて放出される知である。どうかその積りで、読者は自身の内部からの知を拠り所にしながら本書を読んでいただきたい。

僕は三二歳の年に、ダイヤモンド社から『マーケティング・リサーチ』と題する本を処女出版で出した。一九五八年のことである。当時は類書も全くないこととて、その後のマーケティング流行の波に乗ってかなり版を重ねた。九〇歳を過ぎた今、同じ書肆から、『知恵を磨く方法』のような題名の書物を送るとは、感慨なきにしも非ずである。

この二つの本は、内容的にはお互いにまったく異質な作品ではあるが、同一人の著作ゆえ、幾つかの共通点がある。

第一はそれぞれの担当内容分野で初めての作品だという点である。マーケティングとかマーケティング・リサーチの書を、当時の輸入理論や外国実例でなく、わが国での実施例を具体的にいきなり大きく載せえたことは、今にして思えば、いささか誇るに足りると思っている。思えば当時の同輩たちの類書は、いずれも輸入事例の焼き直しであった。第二の共通点は内容においていずれもオリジナリティがある点である。知的労作物で大切なことは、このオリジナリティという点である。

なお僕の書物の特色は、現代の若い読者にはかなり難しい漢字を振り仮名なしで採用していることである。読めなくても前後関係でその意味を十分に判断できそうなものは、敢えていちいちルビを打つことはしなかった。なお本書のⅢ・5節あたりを読んでいただくと、僕の真意を判って下さると思うが、「人は自分が読めない漢字は必ず辞書を引いて覚える労を惜しまないでほしい。それによって、その人のボキャブラリーは確実に増えてゆく」という点にある。

つまり本書だけでなく、読者が少し堅い本を読むときは、必ず小型の漢和辞典くらいは座右にして欲しいということである。

中野・沼袋　　林　周二

知恵を磨く方法——目次

Ⅳ章　知恵の諸側面　159

起しの章

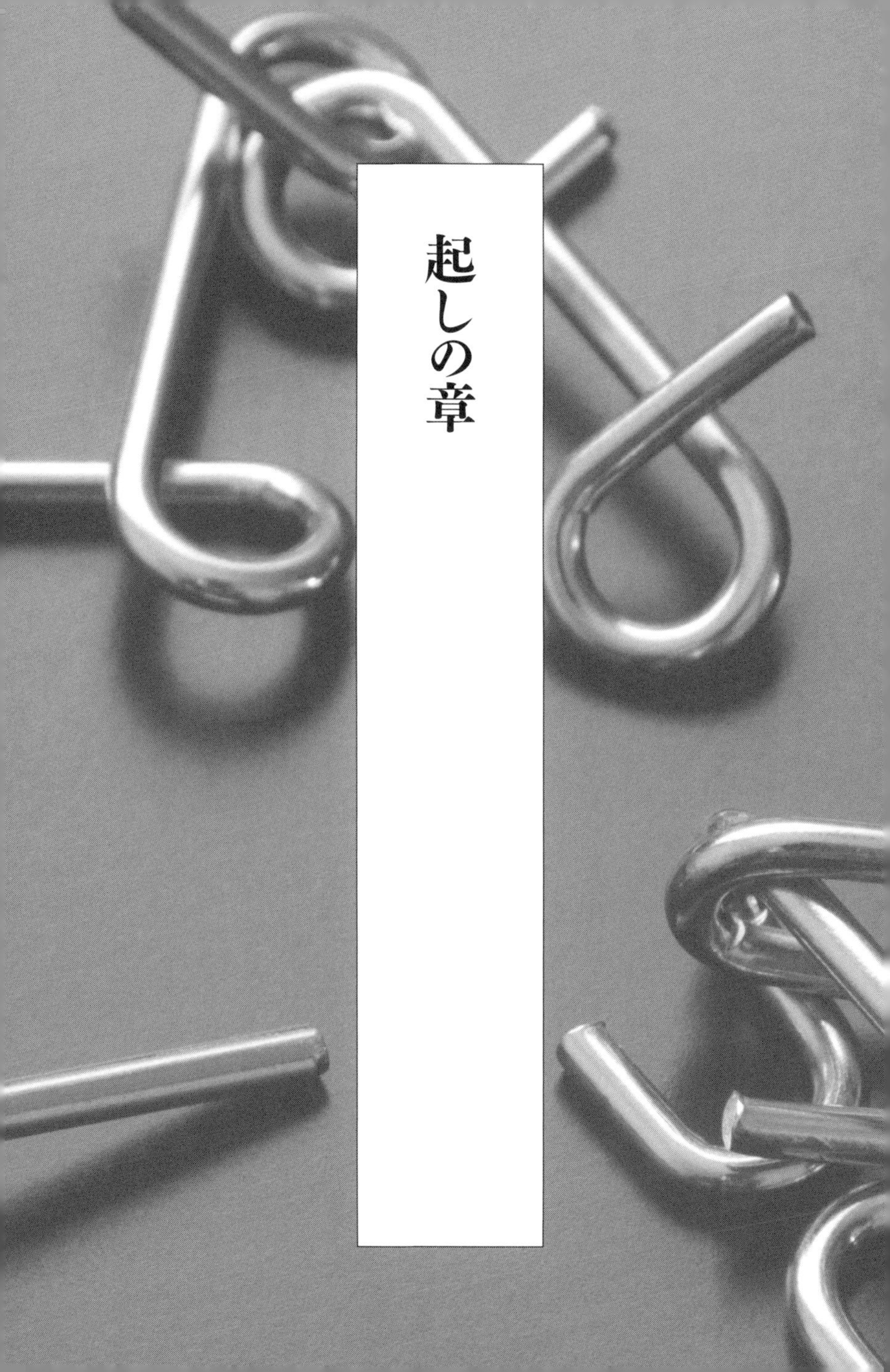

この本では、八つある章の各扉ページの裏を利用して、関連のありそうな「コラムの文章」を挿入してみた。コラムとは、言うまでもなく、本文に因んで書かれる気の利いた短文章のことである。朝日新聞の「天声人語」欄のように、囲み記事で、匿名のものが多い。

ただコラムの文章は、書いてみるとなかなか難しいことが判る。本文の内容を喰ってしまってもいけないし、あまり読み劣りのする文章でも不味い。

僕はコラムの文章がちゃんと書けたら文筆家として一人前と思っている。僕自身も、かつて朝日新聞の「経済気象台」の欄に二〇〇回ほどコラム的な時事文章を書いたが、苦吟しつつも楽しく書いた記憶がある。筆名だから外部者には、筆者が誰だか判らないが、「あの欄は楽しく読んでます」などと何かの機会に言われると、とても嬉しかった記憶がある。

●――知恵の正体を考える

この書物の内容は、人間のさまざまな知恵の絞り方、活用の仕方やその諸断面についての考察である。知恵という言葉は、僕たちの誰もが日常の会話などでも、無造作に、しかもそれほど間違わずに使い熟《こな》しているはずだが、しかし知恵そのものの正体については、誰もそれほど深くは考えたことがないのではないかと思う。各種の知恵の湧かし方や知恵の絞り方の工夫などについて、実際の場に即し、具体的に考察を試みようとした書物は、僕の知る限り少なくとも皆無に近い。

著者である僕は長年、学術の研究という仕事に携わってきたが、その間いつも心のどこかで考えてきたことは、人や生物がさまざまな知恵を湧かして生活しているという不思議な現象についてである。この不思議な現象の正体のような問題をたどって、この本ではいささか体系的にメスを入れてみたいと思う。

知恵の働きの役割は、科学や技術の領域においてはもちろんのこと、僕たち一般人の多様な日常的生活行動の場のなかでも決して小さいものではないことを、本書によって読者が改めて気付き、かつさまざまな局面での知恵出し活動に活用していただければ幸いである。

なお、この本では**「知恵を出す主体」は、あくまでも個人に限定する。企業とか研究所とかのような組織体（つまり個人の集合体）としての知恵の出し方の考察は、もちろん重要な考察テーマで**

はあるが、そこまで範囲を広げると、こんな小さな書物では内容に盛りきれない。

さらに本書で僕が取り扱おうとしている知恵の範囲は、すべて形而下の世界（科学、技術、日常生活などの世界）での知恵に限定する。宗教とか哲学とかのような世界が扱う形而上的な知恵（これらは漢字ならば、知恵よりも智慧のような難しい漢字を充てるのが相応《ふさわ》しい）は、本書の考察の対象外とすることでご了解を賜りたい。こちらのほうの考察は僕のような俗人の手には余る。

起しの章の冒頭に、読者諸兄姉の日常的知恵の働かし方のほどをテストさせていただく意味で、まずこんな知恵だめし問題を提出してみよう。

今ここにガラス製の「ジャム瓶」がある。どこのスーパーなどでも普通に売られているものを念頭に置いて考えてほしい。瓶は、金属製の円い蓋を手で捻じって回せば当然開くはずだが、残念ながら蓋が固く締まっていて、なかなか開かないとする。読者だったら、どう工夫して開けますか？読者のもっている過去の知識とか経験とかを総動員して知恵を絞り、解決法を考え出してほしい（ここで言う知識とは、読者が学校時代に教わった知識とか、過去の生活体験などによって得た雑知識とかの一切を含むものとする）。ただし、開けるのに、いろいろな道具類とかの助けを借りたり、瓶を湯水に浸したりしてはいけないものとする。人力だけに頼ることを条件とする。むろん蓋とか瓶とかを傷付けたり、壊してしまったりしてはいけない。

考えられる解決法、つまり開け方は、僕の考え付く限り唯一ではなく、複数ある。さあ、どうしたらいいでしょう?

この起しの章では、意地悪いようだが、態《わざ》と答えを書かない。またこの本のなかでも、具体的な解決法までは示していない。しかし読者が本書に注意深く目を通し、僕の言おうとする知恵の絞り方の諸要領を十分によく体感してくださったら、必ずすらすらと解いていただけるレベルの設問である。それで、もし解けなかったら、僕の書中の説明が下手か、不十分か、それとも読者のこの本の読み方が浅いか、そのどれかということになろうか。

知恵のちゃんとした定義らしいものは、続く本文のなかで改めて述べるつもりであるが、知恵というものは、学問のある人、知識をたくさんもっている人が、実際の場で常に適切な知恵を出せるとは必ずしも限らない。例えば謎々遊び(「何ぞ、何ぞ」という問い掛けがその語源らしい)の答えなどは、世間知に長けた大人たちなどよりも、邪心のない子供のほうがかえって、しばしば即答を出したりすることがあるものである。次の謎々は僕が作ったものである。

「円《まる》いものをたくさん集めると四角になるものは何?」

この謎々をあるビジネスマンのお父さんに出したところ答えに窮し、帰宅して小学校三年の子供に尋ねたら、その場で即答したという。

この話からもすぐ判るように、大人は子供よりも高級な知識ははるかに豊富であるが、知恵のほうは、場合によっては子供に敵わないことがある。大人が持てる知識を総動員して生真面目に考えるものを、子供は直感力で解いているのである。優れた頓智とかユーモアとかが、良質の知恵の一種であることは、Ⅳ・5節で若干触れるところがある。

書の冒頭から脱線したようだが、この謎々のケースからも判るように、与えられた問題の解を探し求める楽しみもさりながら、じつは気の利いた謎々問題を自分自身で作ってみることは、はるかに「知のレクリエーション」になり、頭の体操にもなる。[*1]

僕は長年、大学教師を勤め、謎々の問題作りよりはやや高級な、入学試験の問題作成の仕事に携わってきたが、僕の教育現場での経験で言うと、優れた入試問題を考え出すことのできる教師は、必ずや優れた教師であり、かつ頭の柔軟な研究者でもある。凡俗で頭の固い教師は、凡俗な問題しか作れない。入試問題の善し悪しをめぐる葛藤は、大学教師側と受験生の間の知恵較べのようなものである。そのことは、Ⅴ・1節でも改めて詳しく述べる。

謎々作りの場合でも、入試問題作りの場合でもそうだが、良い設問を作るには、なかなかの知恵が要る。読者もひとつ、通勤電車のなかなど頭が暇なときに気の利いた謎々問題でも考えてみたらいかがであろうか。たかが謎々などと言うなかれ。それは読者の頭脳を活性化し、知恵絞りの良い訓練になることは必至である。少なくとも、漫然とスマホなど弄《いじく》って遊んでいるよりは、そのほうが眠っている脳を活性化させるには大きく役立つこと請合いである。

友とするによき者

なお人がたくさんの良い知識をもっていることと、たくさんの優れた知恵を出せることとは、必ずしも互いに直接の関係がない。このことは、本書のこの冒頭部分で取り敢えず強調しておきたい。

読者の誰もがよくご存じの、かのイソップ（正しくはアイソポス。紀元前六世紀のギリシャ人と言われる）などという人は、科学者でも哲学者でもなく一介の奴隷に近い身分の人だったらしいが、古来の大知恵者として、青史にその名をとどめ、いまでも彼の言行録『イソップ寓話集』は世界中の大人や子供に愛読されている。[*2]

また、小アジアのアナトリアには、中世の頃にナスレディン・ホジャという知恵老人がいて、その名と数々の知恵逸話は、トルコをはじめ中東のあちこちに今日でも広く伝わっている。日本なら、さしずめ伝説上の一休さん（一休宗純）が彼らに相当しているところか。

つまりここで僕が言いたいことは、個性的な知恵発揮の意義とか重要性とかは、学者だの研究者だの技術者だの経営者だののような、特定の世界で重要な仕事をしている人だけに求められている才能なのでは決してないのである。

有名な兼好法師は『徒然草』の第百十七段で「友とするによき者三つあり」と記し、その「一つには、物くるる友。二つにはくすし。三つには知恵ある友」という含蓄ある文章を残している。このうちの一番目の「物くるる友」というのは誰もがすぐに思い付きそうな「よき友」の条件であろうが、第二、第三に「くすし」と「知恵のある者」を挙げているのは、いかにもご本人が中世最大級の知者の一人でもあった『徒然草』の著者らしい、まことに的を射た実際的な指摘である。
兼好の念頭にある「くすし」とは、今で言うならば「かかりつけ医」のことであろう。人は若くて元気な間はともかく、ある程度に年を取ってくると、そういった相談医が身近な距離のところに居てくれることが、どんなに有難く心強いかが身に沁みて判るようになる。良い相談医の必要性は、現代人の誰もが気づいていることではあるが、なかなか身近、手近なところに、そういうドクターが見つかるとは限らない。昨今はお役所あたりも、市民に向けて相談医をもつように勧奨しているようだが、さて具体的にどうしたらよいか判らない。兼好もその点を指摘したいのであろう。
そして、最後の第三に挙げられているのは、本書の主題にも関わる「知恵のある友」である。これはどうも大学者先生のことではなさそうである。これは「くすし」を「かかりつけ医」と言うならば、言わば「万事相談相手になってくれる物識りとかアイデアマン」のことであろうと僕は思う。物をときどき恵んでくれる友人と並んで、良い相談医とか、頭や機転のよく働く物識り人とかが隣近所に居て、何くれとなく気軽に相談に乗ってくれたり、お互いに遠慮なく議論のできるような環境に身を置いていることを、知者でもあり教養人でもある兼好は切に望んでいたのである。いかにも本人自身が中世の大知恵袋でもあったらしい、それは「よき友」の条件指摘ではあると僕は思う。[*3]
すぐ右にも指摘したように、知恵を出すという創造的な作業は、特定の職業人とか学歴の高い人とかにだけ求められるべきものではない。万人に求められて可笑しくないものである。

およそヒトを含むすべての生物（動物、植物など）は、種（ないし個体）の生存のためのさまざまな知恵力を、遠い先祖から遺伝によって授かっている。しかしヒトの場合には、祖先から遺伝で継承している知だけではなく、生物個体（つまり個人）が個体ごとに、置かれた状況に応じて、いろいろ卓抜な知恵を次々に新規に生み出す能力が備わっているところに、他の生物とは大きな相違点がある。他の生物の場合にも、高等になってくるとサルとかカラスのように、特定の個体が彼自身の生活体験や学修、さらに工夫などの知的活動を通じて個体単位でも新しい知識を獲得したり、あるいはそれを集団ごとの文化として子孫の個体たちへ伝承する能力をもっていなくはない。ただ、それらの後天的な知は、彼らのもつ知能の全体から見ると、ごくごく一部に過ぎない。

定石的ならぬ創造的な生き方

以上のように見てくると、人間の「人間らしい生き方」とはどういう生き方かと問われるならば、それは個体ごとに定石的ならぬ創造的（あるいは独創的）な生き方を工夫して編み出し、その生を営んでいる点にあると言えそうである。つまり、各人が個体単位で新しい知恵を発揮しているのである。その点はⅠ・3節以下などでも詳しく考察する。

すでに見たように、さまざまな知恵を発揮する行動は、研究者とか技術者とかのような特定の職業に携わる人だけが行っているわけでは決してなく、万人がすべて多かれ少なかれ斉しく行っている。ただ家庭の主婦の仕事とか、農民の田園労働の仕事とか、路線バスの運転手の仕事などの多くの技能者的な作業は、その都度に、わざわざ新規の創造的な知恵をとくに発揮したりせずとも、かなりの程度まで定石的な作業によって熟《こな》されている部分が少なくないように思える。また、わが国の諸大学教師の多くの日常プログラムなども、多分にルーティン的に捌くことが可能なように、少なくとも僕には思われる。十年一日のように同じノートで講義している教師も、かなりたくさん居るようだから。

しかし、そういった主婦や技能者や教師たちのルーティン的ないし準ルーティン的に勤まる仕事の場合であっても、日常の現場に即して、いろいろな新規の知恵とか工夫とか創意とかを発揮する余地は常に、大いにあるはずだし、またそうすることで、本人の人生もその分だけ精神的に豊かに、かつ多彩になってゆくのであろうことは紛れもないと思われる。また、それによって本人だけでなく、他者をさらに益することもまた申すまでもない。

ここでさらに一つの重要な、指摘したい点がある。それは、昨今ではとくに日常的な作業の多くが、マニュアル化し、ルーティン化し、自動化・無人化しつつあることに関する。このような傾向は、二〇世紀末尾の一〇年間頃から一層急速に進むようになってきており、その傾向は、今後将来に向け、さらに停まるところを知らず進むに違いない。これらはすべて社会情報化の進展とその軌を一にしている。

ただそうなると、ある作業がオートメーション化し、無人化すればするほど、その結果として人間はその分だけ余剰時間を浮かせることが必ずやできるようになるはずで、その浮いた分の余剰時間をば、新規の知恵を絞るためのより創造的な仕事へと、彼の頭脳活動に振り向けることができるようになるはずだと考えなければなるまい。この点は、次のI章で詳しく考える。そういった余剰時間をただぼんやりと無為に過ごすのは、現代人の生きるべき途ではあるまい。余剰時間に、できうる限り斬新な知恵を生み出すことは、現代人の義務と言ってよいのではあるまいかと思う。

以上で起しの章の記述を終えて本文に入ってゆくが、本書は厳密な学術書ではないから、章建ての順序によらず、目次を見て読者が興味をもちそうな章なり節から読んでくださっても、ある程度まで差し支えない。また興味がなければ、そこだけ読み飛ばしていただいても構わない。

むしろお願いするとすれば、この書物は一度読んだだけで捨ててしまうのではなく、読後も書棚のどこかへ積んでおいて、一〇年先、二〇年先にふと思い出して取り出し、再読、三読して下さることを著者たる僕は希望したい。僕自身の経験から言わせてもらうと、若い頃に読んだ本などで年を経て再読した場合、かつて行間に傍線を引いた個所の内容は、いま改めて目を通してみていっこうに感心せず、むしろかつて読み飛ばしてしまった部分に新たな共感を覚えたりすることがしばしばあるからである。著者である僕は、読者がこの本について、そういった接し方をして下さると嬉しい。

＊1　僕が作った謎々を次に五つほど挙げておこう。
(1) 昔は鼻があったが、今はないものは何か？
(2) 同じものから「花」も「鳥」もできるものは何か？
(3) 首が一つ、手足が二〇〇本あるものは何か？
(4) 海中でも、空中でも泳いでいるものは何か？
(5) 日本人がヨーロッパに行くとき、必ず借りてゆき、帰国すると必ず返さなくてはならないものは何か？
（答えは、本書末に）

＊2　今日残されている『イソップ寓話集』を読むと、著者が奴隷の身分でなければ到底考想しえないような知恵に関わる説話がいくつか含まれており、そのことからもアイソポスが知識階級の人ではなく、奴隷の身分だったことは、ほぼ間違いないと思われる。

＊3　『徒然草』の著者は、「よき友」三者と併せて、「あしき友」の七カ条を挙げていて、人生論としてはそちらのほうがより穿った指摘になっているように思われるが、それらに興味のある読者は、原典に直接当たっていただきたい。
『徒然草』が、知恵についての古典であることは間違いないが、ただ言い添えるなら、兼好が生きた中世の社会は、現代と違って世の中全体が停滞し、まして著者は宮廷に仕えていた殿上人であったことから、『徒然草』を貫く思想全体が、あらゆる意味で保守的な色彩に満ちていることはやむを得ず、読者もそういった状況を十分に承知のうえで兼好の文に接してほしいと思う。

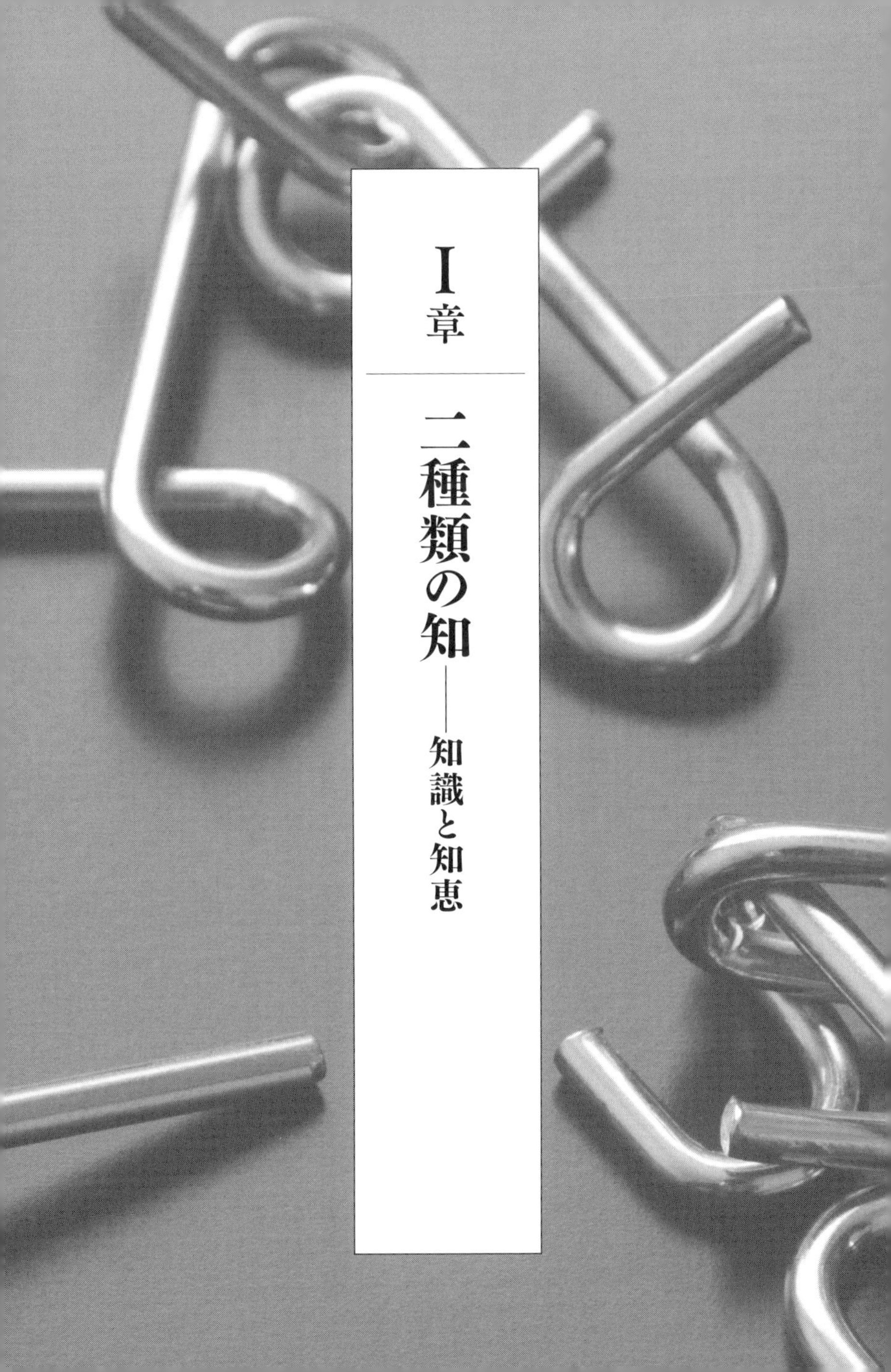

I章

二種類の知

——知識と知恵

イタリア中央の丘陵部にウルビノという小さな町がある。ウルビノ侯の凝った居城館があり、ラファエロの生家や幼児期の作品も見られるので、訪れる価値は大いにあるが、交通の便がいいとは言えないので、訪れる人はごく限られている。

ここの図書館は、文化都市のことだけあって、美術関係の文献はまことに豊富と言える。感心させられたのは、大へん利用に便利な閲覧室があって、蔵書の文献類を検索して、手元にある釦《ぼたん》を押すと、卓の上に閲覧したい本の必要ページが空中を飛んできて、大映しになる。有料でコピーを取ることも、むろんできる。

こういうシステムが一図書館内だけでなく、ネットで世界中に広まれば、研究閲覧者は、居ながらにして世界中の貴重書などを視ることができるはずである。例えば、グーテンベルクの聖書など、世界各地の図書館にある稀覯《きこう》本を比較研究したりすることも可能になるだろう。

I章—1

知恵とはどのような知をいうのか

僕らが、知識とか知能とか知恵とかいう熟語を使う場合、まずそこでの共通のキーワードである「知」とは、そもそもどのようなものを指して言うのであろうか。試みに漢和辞書で知の意味を引くと「ものごとのことわりを知る」ことだと説明されている。この字の偏の〝矢〟は、もともとは「ことばを連ねる」の意味らしい。言葉を連ねることで、物事の約束の理を悟るというのが、知のもともとの意味と知れる。さらにこれで気の付くことの一つは、知とはまず具体的な形のない、まことに抽象的な概念だということである。

知の類義語として**情報**（information）という熟語がある。情報もまた抽象的な概念である。ただ知と違って情報という熟語については、情報科学が具体的に厳密に定義していて、ビット（bit）という単位で表すことができ、さらに操作をすることも可能な概念である。

知の字の付く語で、本書の主題である**知恵**（wisdom）と似ていて、かつそれと混同しやすい熟語に**知識**（knowledge）という言葉がある。知識と知恵とは、互いに密接な関連のある言葉だが、すぐあとにも説明するように、ある意味で両者はおよそ対立的、さらに対照的な概念の語である。

両語は、それぞれ文中で使ってみればすぐ判るが、私どもはまず、脳のなかに上質の知識をたくさんもっている人のことを「知識人」などと称することがある。いわゆるインテリと言われる人たちがこれである。これに対して、気の利いた知恵をいつも出す人のほうは「知恵者」と呼ぶ。ある人が知識人だからといって、その人が知恵者だとは必ずしも限らない。逆も然り。

起しの章で挙げたイソップやホジャといった人は、確かに知恵者として名を後世に残してはいるが、二人ともその時代を代表する知識人ではなかった。僕はかつてウズベキスタンのある町で、ホジャが驢馬に乗っている小さな銅像を見たことがあるが、いかにも田舎爺さんといった風貌のしょぼしょぼ老人であった。

これに対して、わが一休さんこと一休宗純は、室町期を代表する第一級の知識人であったとともに、（やや伝説上の）知恵者でもあったようである。知識人と知恵者とは別種の人格であり、両者は互いに独立した別個の概念であることが、この事例でよく判っていただけよう。

後論でいろいろ具体的に吟味していくが、知恵者の属性として一般に求められるものとしては、彼にたまたま降ってきたチャンスを常に見逃さず、タイミングよくそれを機敏につかみ取る場に臨んでの機転能力（これは知性力というより、むしろ感性力）のようなものが、しばしば期待されているように思われる。よくノーベル化学賞を受けた研究者たちの回想として、研究室で添加すべき薬剤の量を助手が誤って入れ、予定していた実験を失敗させてしまったにもかかわらず、かえってそこで思いがけない新発見のきっかけを素早くつかんだというような話を耳にするが、世の知恵者と称せられる人には、そういう肝心なときに間髪を入れない機敏な知力とか鋭敏な感覚が併せ備わっているように思える。それらは、いわゆる秀才タイプの知識人とか、頭が良いと言われるような人の一般的特徴とは、若干違った属性であるように思われる。これらの点をめぐっては、後論Ⅳ・4節のセレンディピティの考察のところでも、改めて具体的に触れる。

●——先人たちが僕たちに残した知

知識と知恵の違い、ないしは両者の関係の理解にあって重要な点の一つは、まず「現在の僕たち（つまり現代人）が共有しているさまざまな有用な知識とかノウハウとか称されているものは、その悉くが、先人たちの誰かが、ある時点で思い付き、それを後世の僕たちに残してくれた知だ」という点である。それらの諸知識は、「ピタゴラスの定理」とか、「ボイルの法則」とかのような個人名の付いた命題の形をとっているものもあるが、今日僕らが手許で使っているさまざまな日用道具とか機械、装置のようなもの、さらに制度のような形をとるものや、僕たちの日常生活のなかへ入り込んできている有形無形の物とか事とかがたくさんあり、それらはすべて有名無名の先人たちの知恵の成果、結晶だと考えられる。それらのうち、蒸気機関とか白熱電球とかジェット・エンジンとかのような近代機械などの場合には、それらを発明・考案した人の名が残っているが、昔から使われている僕らの身辺の厨房用具の鍋、釜や包丁、大工道具の鋸《のこぎり》や鉋《かんな》、筆記用具の鉛筆や紙、狩猟具としての弓矢や刀、槍などは、すべて近代、中世以前に生きた、名の知れない多くの人々の知恵の成果として生まれ、今日まで連綿と継承されているものである。

車輪のような簡単な道具の場合でさえも、それを考え出して利用し得た民族と、それをついに考え付かなかった民族とがあった。かの南米のインカの民などは、現代人でも驚くほどの高度な文明を一方では創り出していたけれども、車という簡単な道具を作ることには遂に思い至らず、それを運搬具に利用する知恵を編み出し得なかったようである。したがって巨石を動かし運ぶにも、滑り板とか梃子とか修羅《しゅら》のようなものに頼るしかなかった。車を知らなかった以上、滑車にも当然思い至らなかったはずだから、彼らは重いものを持ち上げるにも大変な人力を要したに違いない。わが日本人の先祖は、運搬用の車にまでは考え及んでいたらしいが、滑車には思い当たっていなかった。それゆえ築城にはいろいろ苦労したことであろう。

車とか橇とかの話題のついでに。以下の話は、僕の師の西堀栄三郎（京大教授）から直接に聞いた氏自身の体験談の一コマであるが、氏が一九五六年に日本の第一次南極越冬隊長を務めるに当たって、さまざまな未知の課題を一つひとつ克服してゆく仕事のなかで、当惑したことの一つは、当時の日本の遠征隊では、キャタピラを使うような重量車輌などがまだ手に入らず、氷上で荷や人を運ぶには犬橇に頼らなければならないことであった。ところが超寒冷下の氷板上で実験をしてみると、橇の接地面の素材には金属や木材の板は一切使えないことが判った。凍りついたり、折れたりする。困り果てていて、ふと思い付いたのが、日常、氏が座っている椅子の素材に使われている籐の茎の繊維が軽くてしかも丈夫なことである。それを試みに橇の滑り板に張ってみるとうまくゆき、成功して愁眉を開いたという。知恵というのは、そのような何かの弾みに出るもので、最初に思い付き実行に移した人が偉いのである。

西堀は、かつて、Ｔｈ・エジソンが白熱電灯のフィラメントの素材として、手許の日本の扇の竹の繊維に目を付け、それを使って成功した話を引用して、困ったときに誰も気が付きそうもない竹とか籐とかに気が付いたのは、実験者の日常的な身辺注意力とか機転力とかで、場に臨んでそれが働いたためで、実践的な現場知とはそういうものだと説明してくれた。懐手《ふところで》して思索している型の書斎派タイプの研究者には、なかなか思い付かないことである。なお、この話は、西堀の著書『南極越冬記』には出てこない。

内知と外知

話の筋を元へ戻すが、上述したことは、式の形で示すと、

先人たちの知恵 ＝ 後人にとっての知識

ということになろうか。

僕らが若い頃に学校などで教えられた知は、その意味ではそのすべてが「先人たちの誰かが生み残してくれた諸々の知恵の集まり」であり、後人である僕らの立場からすれば「先人たちの知恵を、

2種類の知

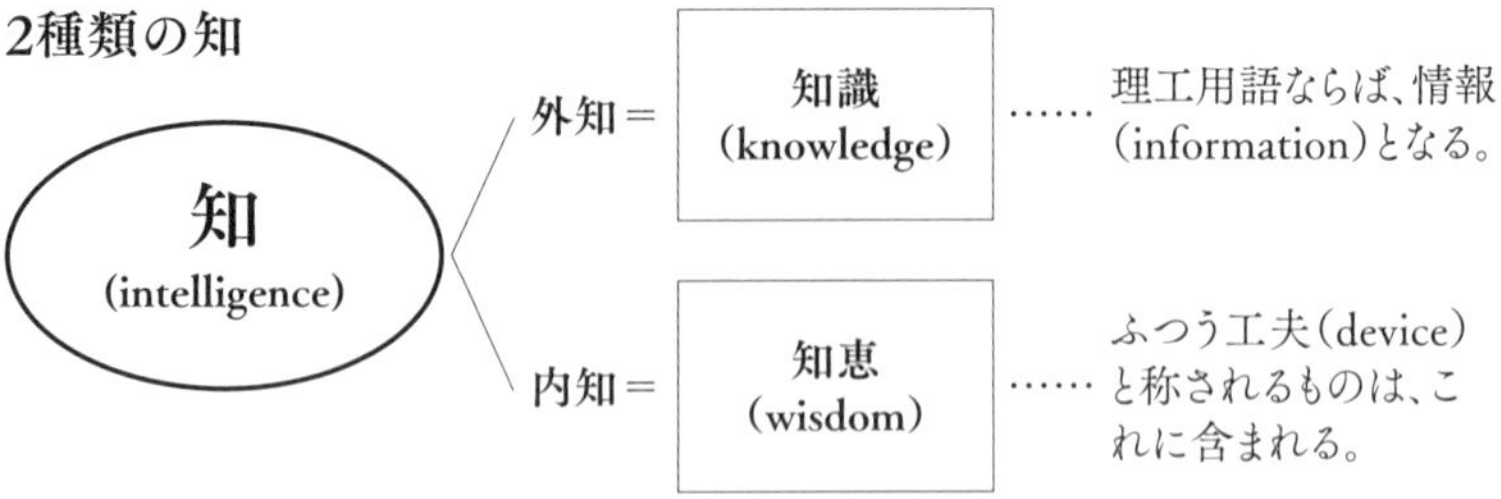

知識の形で受け容れている」ことになる。もう一度言うならば、

知識とは、僕らが他者から継受した知のことであり、

知恵とは、自分自身が自分の体内ないし脳内から生み出した知のことである。それゆえ、前者のような知はこれを**外知**、後者のような知は、これを**内知**と呼んでもよいように思う。内知、外知という便利な言葉は、本書では後論中でときどき使う。

以上、本節で述べてきた説明を、それぞれに対応する英語を添えてまとめてみると、上図のようになる。

この図でのintelligenceという語には、心理学の術語では「知能」の訳語が充てられている。知能指数（intelligence quotient：ＩＱ）などという使い方がそれである。本書は、純学術本を標榜しているつもりはないが、既存の諸学問が術語として使用している用語は、原則として当該分野での用語法を尊重し、それに従って使う。

なお、起しの章でもちょっと触れたが、宗教とか哲学のような形而上的な知を取り扱う研究分野では（知恵ではなく）「智慧」のような用語がしばしば登場する。

この智慧の字は、古くは『法華義記《ほっけぎき》』（中国南北朝の時代の書物）などでは、仏陀の叡智のようなものを指す場合に用いられた。そこで智慧は、およそ「物事の道理を悟り、是非・善悪を弁《わきま》える心の働き」のことを意味していた。日本の古典でも、中古の『今昔物語』や『太平記』などではそれと同じような意味で智慧の字が使われている。

しかし時代がだんだん下り『浮世草紙』の類では、もう少し世俗的な意味で、才知の働きとか、優れた機知とか、やりくり才覚のような意味へと変化してくる。そうなると智慧という難しい漢字よりは、本書が専ら使う知恵の字のほうが相応《ふさわ》しくなる。

西洋でも、ギリシャ語を語源とするソフィアの場合も、世俗的、形而下的な学術知識などをただ積み重ねただけの知ではなく、哲理的な真実を悟り、物事の本性を哲学的に理解する能力とか、さらにはそれを正しく行使する実践上の叡智のようなものを指してそのように呼んでいるようである。日本でもカトリック教学の頂点をもって自任する「上智大学」は、英語ではSophia Universityと呼称している。

これをもう少し世俗的、形而下的な知恵のレベルにまで下すと、英語ならばソフィアよりもウィスダム（wisdom）のような単語を使うことになる。

智慧＝ソフィア、知恵＝ウィスダム

と対応させれば、まず間違いない。有名なアラビアのT・E・ロレンスの著書『知恵の七柱』のように、彼の回想録での知恵は、すべて形而下的かつ実際的な才覚の意味であり、ソフィアでなくウ

ィスダムである。中国においても、上古にあっては知恵は明らかに智慧であった。読者は『老子』の有名な、

「大道廃れて仁義あり、慧智出でて大偽あり」

という箴言的な文章を思い出すかもしれない。

このように洋の東西ともに、智慧の熟語ならびに語義は、中世から近世、近代にかけ、次第に知恵の語と意味へと世俗化し、日常化し、変化を遂げていく。わが国でも『知恵袋』のような題の草子本が現れ、「ちえを借りる」とか「ちえの持ち腐れ」のような表現が、市井の人々の日常生活のなかでも一般化してくるようになる。

これらの諸現象は二〇世紀以降の人間の知的世界における、宗教・哲学の凋落と、科学・技術の台頭にそれぞれ対応するものと考えてよいように思われる。

I章—2

知識が肥大し、知恵の痩せた現代人

さて、前出の図のように知を二分割で考えると、本節ではまず順序として、外部知、つまり人(あるいは人の集団)が外部からその脳内へ受け入れている知、すなわち知識としての知について一般的な考察を加えることから筆を起こしてみたい。

外部、外界からさまざまな知識や情報を採り入れ、それを利用、活用して生存し、生活している点だけから見れば、ヒトも他の生物と何ら相異なるところはない。しかし霊長類であるヒトが、他の動物や植物などと多分に違う点は、起しの章でも若干見たように、まず各個体が外部からの知識・情報を採り入れる手段・方法が極めて多様で複雑なことである。その結果、彼が採り入れる知識の種類や内容はまことに多岐にわたり、その量もすこぶる豊富だということである。これはヒトが使っている言語内容が、他の生物のそれに較べて複雑であることが大きく関係している。こうして一般の動物などと違うのは、ヒトの場合は、時代を下るにつれ、単位時間に採り入れる知識の質と量とが、いよいよ増大してしまっていることにも表れている。

こうして当世の人間は、昔の人たちに較べ、外知を受け入れる手段・方法に関しては、いろいろ数多く心得るようになっており、現代人の一人ひとりが、その身中（あるいは脳内）に蓄えている知識量、日々に接する情報量は、いずれも昔の人に較べ、格段に豊富化し、多様化しているといえる。したがって、現下の人間社会全体が現に保有し在庫している知識の総量、情報の全体量は、じつに膨大化している。それに較べると、旧時代の個人はもちろん当時の社会全体が保有していた知識・情報の全体量は、いかにも貧弱であった。例えば、江戸期の人たちは、蘭学の知識を勉強しようとしても、オランダ語の一つひとつの学術専門用語の意味さえ判らず、それを調べるために、わざわざはるばる長崎の地まで辞書を写すために足を運んだという話があったくらいで、とにかく旧時代人には、各種の外知の入手手段は、まことに乏しく限られていた。

これに引き換え当今は、充実した立派な外知の宝庫の大型辞書類は、外国語を勉強したい者にとっては、たいていの言語に関し、誰でも手の届く範囲で、どこでも容易に手に入るばかりか、電子辞書のような手軽なものが身近に、どこにでも転がっているし、また膨大な百科事典類を、わざわざ座右の書棚に備えなくても、電子辞書とかインターネットなどで検索すれば、常識程度の説明でよければ、いとも簡単に手っ取り早く、外部のさまざまな知識・情報類を廉価かつ迅速に入手できるようになっている。さらに無料で利用できるウィキペディアなどを使えば、百科事典よりも新しいホットな情報が取り敢えず手に入る。

また、当今の自動車に付いているカーナビなどに頼れば、訪問相手先の電話番号を入力するだけで、目的地までの主要道筋が、地図上の画像と音声とで直ちに指示が出る。道に迷う心配はまったくない。紀元前一四世紀にヘブライのモーセという人は、沙漠で道に迷って四〇年間も仲間を引き連れて荒野をさ迷ったというから、せめて近世の天測知識でもあったらと、二一世紀の僕らは同情したくなる。

反比例の関係

ところで皮肉なことだが、このような外知の今日的な量の多さと、情報の洪水氾濫に反比例するかのように、内知に相当する人の知恵の出し方、工夫の仕方のほうは、今びとは昔びとに較べ、著しく貧弱化し、退化してしまっているように僕には思えてならない。「知識量ばかりが肥大化し、知恵放出力が痩せ細ってしまっている現代人の知的状態」が、僕らの目の前には広がっているのである。[*1]

思えば、昔日はそれとは逆で、いにしえの人たちは、現代人に較べ、仕事や生活上利用できる外部の知識・情報の総量は、甚だ貧しく、かつ乏しかったが、そのかわり日常生活を生きるための知恵とか工夫とかを、自分自身の内から、あるいは狭い共同体生活のなかから、自分たちで生み出し活用する才覚というか器量のほどは、現代人などよりもかえって格段に長《た》けていたように思える。

農作業用の肥料に下肥や藁灰を活用するなど、現代人が厄介視する排出物や廃棄物なども、彼らは一切無駄なくリサイクルして利用する方法を心得ていた。思い出すと僕の子供の頃までは、農村では風呂の湯も一回使っただけで捨てるようなことはせず、同じ湯を何度も沸かし直して入浴し、垢まみれになった浴槽のふるい水を畑に撒くなどして、それを畑の肥やしの足しにしたものであった。戦時中に、都会から農村へ疎開したわが家は、そういった農村に残る風習を知らず、一度使っただけの風呂の湯を流してしまって、「都会の人は、何というもったいないことをする」と、ひどく窘《たしな》められたものである。過去の伝統的な農業社会では、そういった廃棄物や排水までが貴重な肥料資源として認識されていたのである。

また、僕らの幼年時代（昭和ヒト桁台の頃）を振り返ってみると、当時の子らの多くは、粗末な下駄や草履ばきで、遠い道を小学校まで通ったことが思い出されるが、下校の途中で下駄の花緒が切れたときの応急措置などは、子供たちが親や先輩から手解きで教わり、そういう場合の取り敢えずの対策としては、路傍の丈夫な草の茎を採り、それで応急の花緒をこしらえたりもした。教えられた賢い別のやり方としては、道端の小石を拾い、それを切れた花緒の端《はし》に添えて下駄の穴へ叩き込み、何とか履けるように修理し、家まで履物を保たせるようなこともした記憶がある。

当時の子らは、玩具なども、そうそう買ってもらえるあてなどはなかったから、子供同士が皆自分たちで遊び道具類を工夫し、身辺のありあわせの材料で遊具を作り、遊んでいた。竹馬、竹トンボ、水鉄砲、釣りの道具のような定型的な遊び道具も、兄貴分に教わり、見様見真似で作るから、当時の子ら一人ひとりにとっては、それが外知だったともいえるが、ただそれらといえども、ちゃんと玩具として使えるような完成品として仕上げるには、形の上だけの知識ではなく、いずれもそれなりのコツ（これは知識のような外知ではない本人の内知）が要った。自分の手で実際に拵えてみて、そのことがよく判るのであった。例えば、竹で水鉄砲を作るときに大事なことは、竹材の選び方、伐り方、水を飛び出させる穴のサイズなどをさまざまに工夫することが重要で、それらの諸条件が全部旨く揃わないと、水は勢いよく遠くまで飛んでくれないのである。また竹トンボのほうは、肥後守《ひごのかみ》（和式ナイフ）が一梃あれば作れる単純な玩具だが、羽の角度、厚さなどは、まことに微妙なものである。右のようなことはすべて、本などにはまったく書かれていたりはしない。本人が工夫するしかない。

また、定型的な独楽《こま》とかメンコのような遊び道具だけでは、すぐに飽きてしまうから、例えば小鳥や川魚を捕まえる竹製の罠の類を工夫し、しかるべき場所を選んでそれを仕掛けるとか、店で買ってきた万華鏡を分解してみて、もとのものより精巧なものに作り変えてみるとかして、新規の遊びの手段を考案したりしたことなども思い出す。材料としての竹とか輪ゴムぐらいは割合に簡単に手に入るが、木材とか金属類は当時の子供の手には簡単には入らない。子供仲間のなかには、頭のいいのがいて、工事現場から鉄の鎹《かすがい》（建材の合わせ目を繋ぎとめるために打ち込む、両端がコの字型に曲がった大釘）を失敬してきて、それを下駄の歯に打ち込み、アイススケート用の履物を自分で考案した子もいた。これらもすべて昔日の子供たち自身の内知の所産であった。以上の具体例は、どれも外知の不足分を子供本人の内知で補っていた僕ら子供時代の思い出である。

こうして往昔の子らは、街の子も村の子も全員が身辺のモノ作りなどは、いやでも巧みになっていた。人ばかりでなく、心理学者W・ケーラーの実験などでも知られるように、類人猿なども手先をいろいろ使うことで、脳のほうも発達させていたようだ。これに引き換え、今どきの子供は、切り出し小刀とか肥後守の類を日常手にする機会を、親や教師から奪われてしまっているようだから、たまさか金物店で、普段使い慣れない刃物などを買い、面白がってそれを振り回し、手許が狂って友達仲間をいきなり刺してしまう事件を平気で起こしてしまったりする。日頃刃物を手にしたことがないから、使い方の手加減がまるで判っていないのである。

今のわが家の孫なども、街の玩具店でプラスチクス製の水鉄砲を買って貰っても、壊れたらそれきりである。修理という工夫の仕方があることを知らない。だいいち修理という考え方そのものが念頭にはないようである。これでは、頭も手も発達するはずがない。最近の電気器具なども、内部の電子部品がすべて精巧に作り込まれていて、われわれ家庭の消費者が自分であれこれ工夫・修理して再使用するようには、元々できていないのである。近年のすべての機械とか装置は、手加減で微妙に動かすようには元々作られておらず、すべて単純なボタン操作で自動作動し、かついったん故障して作動しなくなろうものなら、ユーザーの手許では修理や再生などはできず、棄却してしまうほかないものが少なくない。そのほうがかえって経済的にも安上がりなのであろう。昔の鉱石ラジオなどは、理科好きの中学生くらいだったら自分の手で修理したものであった。それで無線の原理などもよく覚えたのである。

知の不消化

冒頭からいろいろ筆が逸れたが、身辺の限られた素材で、いろいろな道具や仕掛けを自力で考え出したりするのは、人間のもつ内知、つまり自分の脳味噌から湧き出してくる知恵の働きによるものが大であり、さらには脳味噌の指令で手足を動かして行うところの工夫の業に負うものである。したがって、ただ単純に外知を自動的に受け止め、それに導かれて反射的な動作をしているのとは訳が違うのである。要するに僕が本章の冒頭でまず強調したいことは、

現代人は、旧世代人に較べ、時代が下るとともに、外知量がますます増大し肥大化していくのと引き換えに、それに反比例するように、自力で内知を出す能力が、貧困化、萎縮化をきたしている

ということである。その直接原因は、現代人たちの脳味噌が、外知の大洪水の応対に掛かりきりになってしまっている結果、それに振り回されて「知の不消化」に陥り、その揚げ句、逆に内知である知恵を湧かす術を、どこかへ見失い、喪失してしまったと考えるしかないのではあるまいか。元東大総長の小宮山宏（工学系）は、この点について「現下の若者は、知識量が増え過ぎ、物事の本質が見えなくなっている（物事の本質を見ようとしなくなっている）」と述べているが、これは僕がさまざまな卑近な例で既述したことと同趣旨の発言である。

なお僕がこの原稿を認《したた》めている最中、たまたま二〇一五年度の大学入学式で、全国の主だった大

学の学長たちが新入生を前にして語った訓示内容の要点が日本経済新聞（二〇一五年四月二〇日朝刊）上に集録されているのに接したが、それの大見出しは何と、「新入生＝知識を知恵へ」というのであった。どうも僕のお株を取られてしまったような気もしたが、これは早大総長の式辞から採られた一句のようであった。全国の主な大学トップの人たちが、現代の若者を見る目が僕とまったく同じであったと感じた次第である。信州大学長の式辞の、

「スマホをやめますか、それとも信州大学をやめますか」

の文言も大へん話題を呼んだようだが、これもまことに僕は同感したい。スマホの内容とか週刊誌の記事とかも、現代のカレント情報として使い方次第では役に立たないこともないが、その種の知識・情報だけに四六時中縋りついているのが、現代人を覆う憂慮すべき状況であることは紛れもない。

僕は、今から四〇年ほど前に、某有名週刊誌のバックナンバーを一〇年分ほど集め、内容記事のうち将来に向け保存しておいてよさそうなものをスクラップする作業を試みたことがあるが、検討の結果、週刊誌の記事の中には保存価値のある記事はほとんど絶無に近いことが判った記憶がある。それに引き換え日刊新聞の記事のほうは、誠に内容が充実していて、保存価値のあるものが豊富であった。週刊誌と日刊新聞との記事内容の質の違いを、具体的に知り得た次第である。

近時の若い世代の人たちが、日刊新聞を読まなくなり、スマホのような電波情報のような安直なものに翳りついていることを、しばしば耳にするにつけても、僕の過去の経験の一齣が思い出されることである。週刊誌上の情報はその大部分が、知恵湧かしの素材としてはほとんど役に立たない。

I章—3

生産性と創造性——両者の役割の差

議論を先へ進めるための一つの前提として、この節では〝生産性〟と〝創造性〟の両概念を対比させ、両者の違いと関係とについて考察しておきたい。この二つの概念は、いずれもプラス思考の概念であるが、その内容は、次に見るように大きく違っている。

人が何か或る仕事（例えば、モノ作り）をするにあたって、仕事の「生産性を上げる（高める）」ことが大切なのは言うをまたないが、さらにまたその仕事作業に即して「創造性を発揮すること」はいっそう疎かにしてはならぬ。その場合、生産性と創造性とが両立させうるならば問題はないけれども、問題が起こるのは、この二つの原則が、実際行動にあたって両立せず、背反するようなことが起こる場合である。

それは、つまり仕事を続ける過程で、人が何か新規に創造性を発揮しようと企てる結果、逆に仕事の能率が落ちてしまうような場合である。もう少し具体的に言うと、人が在来の伝統的な知識や手法に依拠して作業を続けていればまず問題なく安全であるところを、そこへ何か新規の知恵・工夫を導入して作業改善を試みようとして、作る物の品質は確かに向上するにしても、その結果、コストがその分だけ大きく上昇したり、それだけならまだしも、仕事そのものが失敗に帰してしまうようなことが起こる。このように、ある仕事過程に新規の知恵・工夫を持ち込むことは、常にしばしば一つの賭けであることから、安全第一を考えるならば、これまでの伝統・しきたりに従って仕事を続けるほうが、むしろ無難であろう。ただ、いつまでもそのような保守原則だけで仕事に取り組んでいたら、そこに進歩とか革新とかは、これまた望めないに違いない。その意味では生産性と創造性とは、中長期的にはしばしば相反概念となる。

という次第で、次に生産性と創造性という二つのしばしば相対立する、ないし互いに相矛盾する方向に働く要素について、それぞれ少しく考察してみる。

肝要な点を結論から言うと、まず**生産性**（productivity）という概念は、ものごと一般について、これを**量**（quantity）的な視点で見ようとするところから生じる。つまり僕らは「生産性が上がる（＝向上する）」とか、「下がる（＝下落する）」とかいう言い方をする。このように生産性は常に計量する、あるいは測る概念として登場する。それは、しばしば**能率**（efficiency）とほぼ同義の概念である。能率のほうも「上がる」「下がる」で測る。また「高い」「低い」という言葉で量的にそれを表現する。

これに対し**創造性**（creativity）という概念のほうは、**質**（quality）に関わって生ずる。それはまた**独自性**（originality）にも相通じる。質的な概念であるがゆえに、創造性は「上がる」「下がる」の尺度上では、これを表現しにくい。創造性とか独自性とかは、これを「発揮する」（英語では、showとかdisplay）とか「発揮したい」とかでしか表しようがない。その意味で創造性、独自性のほうは、質的な**革新性**（innovative）とか**新規さ**（novel）の実現を示唆している。それに引き換え、生産性のほうは量的な**達成性**（attainment）が示唆される。それらをそれぞれ知の概念と結び付けて考えるならば、

生産性のほうは知識に関わる概念であり、創造性のほうは知恵に関連付けられる概念だと言うこともできる。この点は、以下に続く節のなかで、もう少し詳しく、具体的に考察していく。

経済性と結び付き易い生産性

ということで、次にこの節では、生産性と創造性とのそれぞれについて、現代の経済社会との具体的結び付きで眺めておこう。まずは、生産性あるいは能率概念のほうから。

経済の立場から見ると、生産性、能率の両概念は、極めて判りやすく、頭に入りやすい。経済性とは結び付き易いと言ってもよい。まず能率に関しては、戦前旧くから「日本能率協会」という社団法人が存在していて、企業の主として工業技術活動面における能率増進運動の音頭を熱心に取ってきた歴史がある。このような能率運動は、第一次大戦後の世界大不況の結果生まれた、当時のド

イツ流の産業合理化運動に端を発したものといえる。明治以来のいわゆる既存財閥企業に対抗して、大河内正敏（元東大工学部教授）らに導かれて生まれた理化学研究所（理研）がもとになり、化学工業主義の旗印の下で新コンツェルンが立ち上げられたのもこの時点であった。それは大不況の時期とも軌を一にしていた。

これに対し、生産性の登場は、第二次大戦後になる。すなわち当時、米国政府の提唱により、戦後世界経済復興の一翼ということで、ヨーロッパ経済協力機構（ＯＥＥＣ）が誕生し、わが国でもそれに対応するかのように生産性向上運動なるものが起こった。当時の経団連、日経連、日本商工会議所、経済同友会などが一緒になり、一九五四年に米国の資金援助をも受けて、日米生産性増強委員会がまず作られた。そして、これには日本政府も援助の手を差し伸べ、一九五五年に発足したのが、「日本生産性本部」（ＪＰＣ）である。戦前からの能率増進運動と違う点は、生産現場での工業技術面の能率だけでなく、雇用増大、失業防止、生産性向上によって生じた諸成果を、労・使・一般消費者へも公正分配しようというのがその趣旨で、実践内容も、経営教育、経営指導、海外視察団の派遣など、広範囲に及ぶものとなった。

つまり生産性の概念は、戦前の能率のそれよりも、幅というか、範囲のより広いものに拡大されたのである。すなわち生産性とは、

「（広義の）生産過程における、生産諸要素の、生産量に対する諸々の有効性の度合いのこと」である。換言すれば、「生産量（output）÷生産諸要素（input）」で定義されるそれである。（狭義の）

生産技術面での生産性が、すなわち上述の能率で、それの向上に関わる推進の仕事面は、能率運動＝品質管理（ＱＣ）運動に委ねられ、生産性本部の仕事からは外されて、それ以前からの実績をもつ「日本科学技術連盟」がそれを担い、今日に至っている。

創造性なしに質的向上はない

実社会における生産性については、上述の説明で概ね尽きていると思われるが、もう一方の概念である創造性のほうは、これをどう考えたらよいであろうか。それに関しては、実社会では「日本生産性本部」に当たるような意味の、「創造性開発本部」とでも言えるような経済面での推進主体は今日までまったく存在していない。というのも、創造性は、生産性の場合のように投入・産出量のような形で、人（あるいは組織）の創造活動・成果を量的に表現することが不可能であることによる。すなわち、人間の創造的諸活動はこれを大きく、科学・技術のような形而下的な活動と、文芸・芸術のような形而上的な活動とに分けることができるが、そのいずれの場合においても、そこでの投入要素や産出要素に、何か共通の判断の物指し（measure）を当てはめるわけにはいかない。

すなわち、まず科学の世界においてならば、例えばＡ・アインシュタイン、技術の世界にあってはＴｈ・エジソン、芸術の領域に関してはＰ・ピカソとかＬ・ベートーヴェンといったような天才的偉人たちが、それぞれの領域で卓越した創造性を発揮し、世を大きく裨益したことは誰もが認めるところではあるが、彼らがその作品（科学者の場合なら論文、音楽家の場合なら楽譜）を生み出すために、どんな資源をどれだけ、どんな形で仕事に投入したか、またその結果生み出された産出物（＝作品）の社会的な値打ちをどのように評価したらよいか。これは一般経済財の場合における生産物（≠商品）の価値の場合のようには、客観的な評価は到底不可能である。

さらに言えば、もともと人間の創造能力のようなものは、時間をかけ、経済的なコストを投入しさえすれば、それに正比例して増大するようなものでは必ずしもない。早い話、時間をかけることで人の創造性がもし増えるとするならば、知恵を出すことで飯を食っている科学者や文学者の場合、若いときよりも長じてからのほうが優れた論文や作品を生める道理であるが、事実は決してそうではない。上述の物理学者Ａ・アインシュタインや、生物学者Ｊ・Ｂ・ワトソンが、二〇世紀最高の研究成果たる原理論を発表したのは、壮年以降ではなく、若い二〇歳台の半ばであったし、文学者の石川啄木やＡ・ランボーのような天才的詩人が彼らの卓越した作品を生み出したのも、二〇歳以前であった。多くの数学者たちが天才的業績を出したのも、いずれも若い二〇歳前後であった。

人の創造性は、時間やお金を投入すればそれに比例し、そこに期待される有形な成果が直ちに生まれるとは限らない。しかしながら、人間社会の精神的・物理的な進歩・発展は、ただ経済的な生産性とか能率だけでは質的に向上し得ず、常に人間の各側面での創造力とか独創力のような力がそこに働くことが必要である。こうして見ると、生産性と創造性とは、人間社会を前向きに進歩・向上させてゆくための、質の相異なる二つの動輪のようなものと考えるべきである。

本節の記述は、これで筆をおき、議論を次の節へ移すが、本章の論の筋としては、ここで次節へと直接に繋がるものと、読者は理解して下さって差し支えない。ただ、議論が少し息苦しくなったような気がしなくもないので、このあたりで息抜きを兼ねて、知恵をめぐって僕自身の子供の頃や軍隊時代の思い出を二つ三つ、次に挿む形で叙べておきたい。

僕の子供の頃を振り返ってみると、まず僕の小学校時代の学業成績は、クラスのなかで決してトップクラスではなかった。トップの次くらいのグループであったろう。学校などの成績順位を争うのは、もともとが僕の性分ではない。しかし、仲間のほかの子と異なる、面白い、いろんな風変りな知恵を出すことだけは、やや得意であったらしい。例えば、学芸会などがあると、そこではクラスや学年単位で何か出し物（演目のこと）を考え出さなければならない。そういった状況に直面すると、担任の教師はどういうわけか必ず僕へ向かって、「林、何かいい案はないかね」などと相談の矢を向けてきたものである。僕より学業成績のよい子は、クラスに二、三人いるのだが、そういった知恵を出すことが求められる局面では必ず、決まったように僕が名指しされる。僕だとて、出し物の勉強など普段からしているわけではないから、いきなり言われてもあてなどすぐにはないし、仕方がないから昼休みか何かに学校図書室へ行き、そこで何か出し物の種になりそうな材料を探し、それらをいろいろアレンジして先生のところへ持っていく。先生はそれを見て「よかろう。それを林が学芸会でやってみろ」などと指名がかかる。案を出して採用してもらえるのは嬉しくもないが、自分がそれを演じるのは、甚だ迷惑であった記憶がある。

子供の頃から何分、仲間と一緒にわいわいわいと遊戯やスポーツなどに加わるのも僕はあまり好きではなく、これは孤独癖に通ずるから、昼休みなどは図書室へ行く。ほかの子たちはみんな校庭でドッジボールなどをやっているから、学校の図書室の利用者は僕独りである。図書室にある本は、あらかた読んでしまった。書物が何よりの知識源であることは、今のような高齢老人になっても変わるところがない。昨今でも、月間に四、五冊は読み、そして必ずメモをとる。この「メモに残して、あとで読み直す」ということが知識充実にとっては不可欠である。

一九歳のとき（これは一九四五年の日本敗戦の年である）、僕は軍隊に取られたが、二等兵の僕には、兵営に専門書だの小説だのは一切持ち込めないが、一策を案じ小型の漢和辞書を携えていったが、これは幸い持ち込み携帯を無事に許された。辞書というのは、一応「引くもの」であるが、中身をしっかり熟読するとなかなか勉強になる（Ⅲ・3節を参照）。このときの辞書は九〇歳の今でも懐かしく手許に置いて毎日のように使っている。それは軍隊時代を偲ぶ一生の記念品でもある。

戦前の軍隊というところは、初年兵はとかく古兵からビンタばかり食らう社会だという伝説が伝わっていると思う。たしかに新兵たちは理由もなしに、ひどく殴られる。ただしかし、僕は、どういうわけか復員の日まで、幸いに一度も殴られることなく済んだ。新兵全員を横一列に並べてぶん殴るのだから、それだけは避けられないはずだが、僕はうまく古兵に取り入っていたらしく、そういう場面では、何か独りだけ別な用事を言いつけられ、列から外れて被害を受けることがなくて済んだ。用事を終えて内務班に戻ってみると、新兵仲間一同は、みんな顔が腫れ上がっていたものである。

昔から軍隊というところは、一種の「要領社会」だと言われ、要領のよい者は得をし、悪い者は割りを食う。要領というのは知恵の一種で、どうやったら要領がよくなるかの方法などは誰も伝授してくれたりはしない。自分で会得するしかない。僕の新兵時代の一九四五年と言えば、食料不足の時代だったから、軍隊でも初年兵などは腹の減り続けだったが、部隊のなかで、僕は無線機のモーター回し係を志願して、(仕事は辛かったが)モーター室は大豆粕の倉庫の一隅を占めていたので、いつも大豆粕を囓っては空腹を満たしていた。大豆粕はもともと飼料か肥料だから、戦時といえども人間の口にすべきものではないというのが世間常識であった。しかし食べれば食べられなくはない。少なくとも栄養失調にはならない。ただ今思うと、よくお腹を壊さなかったことである。こういったことも生きる上での要領の一例である。

今の自衛隊ではどうなっているか知らないが、旧軍隊では、よく**着眼**ということを言われた。「林は着眼がよい」とか、「悪い」とか言うわけである。ただ困るのは、どうしたら着眼力が向上するかの具体的手法は、はっきりとしていないことである。軍隊には、いろいろな種類の教科書とか必携類(軍隊では典範という)があり、それらを勉強すれば訓練とか技術のことは一通り判るけれども、〝着眼力〟のつけ方のようなことは、それらのどこにも書かれていない。思うに〝着眼力〟というのは、その人ごとの一種の工夫の仕方とか知恵の出し方のようなもので、本節の表現で言えば一種の創造力ないし独創力である。他人から教えられるものではなく、自分の脳味噌から絞り出すものなので、典範の類に書かれていなかったのも、尤もだったと言える。

I章—4

生産性追求が優先されがちの世相

往昔の時代の人びとは、何か新規の仕事をしようとするときは、外部の助け船に頼らず、誰もが自分自身でそのたびごと、自分の頭を捻り知恵を絞り出さなければ、生活万般に必要な知識なり情報なりは何一つ得ることができなかった。このことについては、冒頭の二つの節でも、いくつかの事例で説明したとおりである。

しかし、外部からの各種情報の供給量（つまり外知の量）が増え、さらに情報処理機器やロボットなどが高度に進歩し、かつ普及を遂げるようになっている今日では、現代人はわざわざ自分の脳をそのつど働かせて独自の知恵を絞り出したり、さらには自分で手を下したりしなくても、先人たちが開発してくれた既存の外知の集積に縋り、それらを利用するだけで目の前のたいていの作業は遂行できるようになってしまっている。とにかく便利な世相が、僕らの目の前に現出してしまっているのである。

人間は、もともと自分で汗水たらして働いたり、自分の頭で苦吟したりするよりも、怠けていて済むなら、怠けていたいのが人情であろうから、もし既存の外知類を使って諸々の作業を進められるのなら、それで済ませたいと考えるのは当然の人情である。したがって、例えば生徒や学生たちは、与えられた宿題を解いたり、論文やレポートを作成する必要に迫られた場合、もしその作業を自動的にこなしてくれる機機とか装置とかが手許にあるならば、それに飛びつくのは人情であろう。中学生の数学なら、自動的に因数分解してくれたり、方程式の根を求めてくれる機械があれば、こんなに嬉しいことはあるまい。また仄聞するところによると、大学生のレポートなども、適当な文章をデータベースから抽き出し、それを機械的に繋ぎ合わせ、間に合わせてレポートにする輩が多いという（ただ教師の側にも、それが繋ぎ合わせの文章であるかどうかをチェックする方法があるらしい）。とにかく、こうして学生たちも自分に学問の訓練を課す必要がなくなれば、彼らはそれだけ学修意欲を失い、また学修能力を低下させる結果にもなる[*2]。

自分の頭つまり内知に頼らず、機械などの外部指示に縋って目的を達成することをひたすら願望するタイプの人間のことを、この節以下では、**指示待ち人間**と呼ぶことにする。それは、カーナビとか自動計算機械とかの指示を待ち、その指示どおりに行動する人間という意味である。

この節では、指示待ち人間が増殖しつつある現代の世相と、そこから生じる問題点について、以下考えてみる。

なお、さらに言うならば、手先でいろいろ複雑な操作をしたりせず、ただ指で釦《ぼたん》をちょん、と押せば、あとはすべて機械や装置が自動的に答えを導き出してくれるならば、それは指示待ち人間にとっては、いっそう望ましいであろう。つまり機械の指令動作なども、ハンドルで操作したり、舵輪を回したりするよりも、ただ指先で釦を押す簡単な指令方法になることがいっそう願わしい。指さえ動かさず、人が目線だけで指示すれば、機械はその人の目線から人の意思を感じ取り、その指令者の意思どおりの行動をしてくれれば、さらに良いであろう。食事なども、食卓に向かって座れば、機械が自分の欲しい料理を察し、黙ってそれを卓上へ提供してくれれば、らくちんこれに過ぎるものはあるまい。

二つの行動型

議論を先へ進めるために、ここで以上の記述をまとめ、人間の行動様式一般を、次の二種型に大別してみることにする。この両類型への分類は、あくまで説明のために両極化した理念型であり、現実の人間の多くの行動様式は、この二つの型の中間に位置していると考えていただきたい。

第一の行動型は、すでに例示したように、人が何かの行動を起こすにあたり、自分の脳を働かせてわざわざ知恵を絞ったりする苦労をせずとも、既存の知識なり情報（つまり外知）があれば、それを検索して見つけ、できるだけそれをフルに使おうとするタイプである。外知の指示のままに仕事を進めるのが手っ取り早く、しかも安全である、また、そうすることで仕事の生産性や能率も上がる、と考え、それに依拠して行動する。例えばカーナビが必要な知識を供与してくれれば、すべてそれに依存して目的地へ向かうことを選ぶ行動様式がこれに当たる。これは、なるべく楽をして、かつ仕事の能率向上を第一義的に期待する思考方式ないし行動方法と言えるから、能率追求型の行動原理とも呼べるものである。これは前節の言葉を使って、**生産性志向型**と言い換えることも可能である。

そして第二の行動型は、第一型とは正反対に、人が何らかの行動を起こすに際しては、なるべくなら既存の知識に縋ろうとせず、できるだけ自分自身が方法を考え出し、探し当てた知恵と工夫（つまり内知）でそれを解決し、それによって仕事を進めていこうとする型である。そのやり方は第一行動型に較べれば、仕事の能率はあるいは落ちるし、当面の生産性は恐らくダウンするかもしれない。だが、独自解決ルート追求の結果として、物事についての独創的な新規解決法の編み出しを期待できるかもしれないことから、**創造性発揮型**と称することができる。むろん、敢えて非能率を志向しているわけではないだろうし、その第二行動型によって人が動けば、先人たちがこれまで気付かなかった思いがけない新発見や新発明を、そこから生み出せる可能性がある。

上述したことを、対照表にして判りやすく示すならば、およそ、次ページの図のようになるであろう。

このうち第一の行動型は、何事も既製品、既存知識に頼り縋ろうとしたがる型であり、第二のそれは、何でも自分自身で解決法を考えてみたがる型である。後者は、将来に向けての夢を大切にする生き方、前者は未来よりも現実に生きる生き方、とそれぞれ称してもよい。すなわち、くどいよ

ものごとの解決の2つの類型

第1行動型 **外知活用型**	……	既存の知識や情報があるならば、それに依存して問題の解決に当たる。能率がよい。現実型である。
第2行動型 **内知発揮型**	……	自力で知恵・工夫を生み出し、それを使って問題を解決する。能率のよしあしは別として、創造の知的よろこびがある。また何か新発見に繋がる可能性がある。

うだが、上述の「目的地までの道探し」の例で言うと、カーナビのような便利なものがあれば、全面的にそれに依存して目的地へ向かおうとするのが第一の外知活用型の行動であり、仕事の能率は当然ながら極めてよろしい。これに対して内知発揮型のほうは、カーナビなどには頼らず、自分自身で目的地までのルートを試行錯誤しつつたどろうとする型である。外知活用型よりも多分能率は落ちることを覚悟しなくてはならないけれども、その代わり、道中に思いがけない発見をすることが期待できなくもない。

現に、僕のそういった体験例を一つ挙げると、長崎県の諫早市から車で雲仙温泉まで行くとした場合、カーナビが指示する道を行くと、確かに一〇分以上も早く温泉地へ着いて時間的能率は確かによい。しかし、少し遠回りして公共バスのルートを選ぶと、道路の幅はそのほうが広く安全で、さらに車窓の景色が断然よい。かつ海岸に面して旨いフランス料理店が見つかったりする（将来、もう少しカーナビが進歩したら、「能率のよい近い道」と「少し遠回りだがドライブに楽しい道」とを分けて指示してくれるようになるかもしれない。用務ドライバーと観光ドライバーとでは、道路に対するニーズが当然異なるからである）。

実際、人生の楽しみ（研究の楽しみなども同じである）は道草の楽しみ、意外性にぶつかる楽しみの要素が大きい。道草への期待を振り捨てて、目標に向かって脇目も振らずに、既設の能率街道を馬車馬のように急ぐほど詰まらない人生はない（と少なくとも僕は思う）。お伊勢詣でなども、新幹線で一直線に東京から日帰りする能率型よりも、往昔の弥次喜多道中のように、あちこちの宿場で道草を食いながら徒歩《かち》で行くほうが、よほど思い出にも残るのではないかと思われる。僕自身はその意味で生まれついて第二行動型の人間だと自覚している。一人の研究者としても、驀地《まっしぐら》に一つの目標に向かって突き進むよりも、研究の途中でいろいろな道草を食いつつ歩くことが許されれば、どれだけ研究生活そのものも楽しいか知れない。ただ僕ら現代人の場合、どこかの研究組織のなかに身を置いていると、与えられた研究テーマ、研究期限の枠のなかで仕事をし遂げなければならず、途中で何か面白い別のテーマなどが見つかっても、それに感《かま》けて脇道へ入ったりすることは、許されないことが多い。これはサラリーマン研究者の悲哀である。一九世紀頃までの科学研究者たちの行動を見ると、あまりそういった外部制約などなしに、楽しく自分流に仕事をしていたようで、今日の僕らからすると、大変羨ましい気がすることである。

●――行動型と旅行

少し話が脱線したが、第一行動型、第二行動型について、次にさらにいくつかの具体例を挙げて、両者の得失なども考察してみよう。道探しの話をもう少し拡大した例で、旅行行動の場合を次に考えてみる。人が旅行するにあたって、旅行の計画全体を旅行社の主催する、いわゆるツアー（以下、主催ツアーと呼ぶ）に任せてしまうのが第一行動型の旅であり、旅行者本人が自分自身で、旅行案内記や先人の紀行文などを参照しながら旅行計画を立て、それを実行するのが第二行動型の旅（以下、自主ツアーという）である。第一型、第二型にはそれぞれ長短がある。

まず主催ツアーのほうが楽な点は、目的地についての予備知識などがまったくなくても安全に、まずは期待どおりの十分に楽しい旅が保証される点であろう。外国の旅ならば、語学などができなくても、何も心配はいらない。主催ツアーでは個人行動の自由はあまり利かないが、この種のツアーに参加すれば、いわゆる名所や旧跡を見そびれる心配はまずないであろう。土地、土地の名物料理などもコース計画中には入っているだろうし、お土産品店などに立ち寄る時間も主催者は必ず作ってくれるはずである。やや窮屈で急《せ》き立てられるが、行く先々はいずれも日本でも名の通った名所だろうから、帰国したあと、家族や友人に土産話をしてもすぐ理解してくれるに違いない。

これに対し自主ツアーの良い点は、訪れたい劇場などは自分の好みで選ぶことができるし、旅先で現地の人たちとの自由な会話や交流が楽しめる。公園のベンチで放課後の生徒をつかまえて、彼らから授業や就職の話題を聴き出したりするのも楽しい旅のひとときである。高校生くらいだと、どの国の若者でも英語くらいは通じるし、喜んで旅行者のお相手をしてくれるものである。カリブ海の小さな島の高校生は、「この島には自分の行きたい大学がないので、奨学金に応募し、ロンドンへ留学するつもり」と、将来の希望を膨らませて語ってくれた。西インド諸島の島々からノーベル賞受賞者を二人も輩出している理由が、よく判るような気がしたことである。とくに独り旅の長所は、ハードの見物だけでなく、その地のソフトの体験が、かなり自由に豊富にできる点である。日本人だけのグループに加わって同一行動していたのでは、せっかくの外国の旅も、意味がだいぶ減少してしまう。

自主ツアーの場合、なるべくなら、予めあまりに完璧な旅行スケジュールを立てて行動するのは、考えものである。鉄道列車で相席した外国人から、興味ある訪問地を教えてもらって急きょコースを変更したりするのも、バガボンド旅の楽しみである。数回訪日経験のある外国人が、日本らしい訪問地をということで、四国八十八カ所の札所をいくつかローカルバスで巡り、ふつうの日本人庶民の人情がよく理解できた、と語っていたのは、よく理解できる。いわゆる観光地として外国人向けにお膳立てをしてあるところを、遊覧バスなどに頼って巡るのは、旅行慣れした人には、かえって味気ないものである。

僕自身は、若くて躰が元気な頃は、しばしば予定なしの見物旅を試みた。ヨーロッパあたりなら、駅の窓口や鉄道の人たちとか、旅人宿のデスクの人たちとかは、当方の使う片言の現地語でもたいていは理解してくれる。次の日に訪れたい町の宿の予約なども、自分で電話することが苦手ならば、今泊まっている宿のコンシェルジュに頼んで掛けてもらえばいい。チップを多めに弾めば、たいていのことは代行してくれる。西洋を旅して、いちばん判りにくいのはチップという慣習だが、これは旅を重ねていると慣れるものである。

なお自主ツアーと主催ツアーと、どちらが安くつくかは、場所とかシーズンとか次第で、何とも言いかねるが、大都市の場合など、たまたまそこで見本市とか国際会議とかが開催されていたりするような場合には、どの宿も満員で、部屋が取れなくなったりすることがしばしばある。そういう場合には、大都市の中心から鉄道駅を三つ四つずらせた田舎の町に泊まることにすると、宿も空いていて、かつ安く泊まれることを覚えておくといい。さらに田舎町では、田舎町なりの鄙びた楽しみを味わうこともできる。さらに田舎町の小さな宿には、大都市のホテルとは違った家庭的な雰囲気もある。そういったド田舎のホテルのバーの止まり木に座って、土地の地酒など舐めながら、バーテン氏に土地の話を聴くなども旅の思い出になってよいであろう。宿のバーテンという人種は、ヨーロッパあたりの国ならば、どの国でも外国人客の扱いに慣れていて、外国語の二つや三つは喋ってくれるものである。かつてイタリアの山の小さなホテルに泊まったとき、そこのバーテン氏が、「日本人の客は、どういうわけかこういうスタンドの席で、ゆっくり酒を楽しんでくれないね」とぼやいていたことを思い出す。

旅行の知恵をめぐっての話題が少し長くなったが、この続きは、Ⅲ・6節で、もう少し続ける。ともあれ、人の一生というものは、それ自体が一つの長い旅である。旅行に慣れるということは、したがって人生行路に習熟するということでもあるように思われる。

Ⅰ章—5

人為的に作られる過度の一極集中

話題の方向を本章の筋に戻して、本章全体のまとめに入っていこう。

前の節で僕は人の人生行路の歩み方一般について、第一行動型（もし外知があれば、それに依存し、それを活用することで当面する作業をなるべく能率よく処理していこうとする行動類型）と、第二行動型（内知をできるだけ発揮し、その結果を使って、物事一般をなるべく創造的に解決していこうとする行動類型）の二類型があること、そしてまた、この二つにはいずれも、それなりに一長一短があること、それゆえに人は、両者の長所・短所をそれぞれ補完し活用して、賢明に行動することが肝要であること、を述べてきた。前節末尾の旅行行動の例で言えば、主催ツアーを利用するか、自主ツアーを工夫するかが、そのそれぞれに該当する。別の言い方をすれば、

人が、他者の知識（つまり外知）に縋り、それに従って動く行動様式

人が、自分自身の知恵（つまり内知）に導かれ、それに頼って動く行動様式

だと言うことができる。

このように、人間の行動様式一般をばっさりと大きく両分して、現代の人間と昔の人間との行動パターンを対比してみると、現代人のそれは第一型的であることがより多く、昔の人たちのそれは第二型がより多かったように思われる。昔の人たちも、自分でわざわざ苦労して頭を捻るよりも、できれば他者依存的な第一型を採りたかったには相違ないが、昔日は今日ほど外知の（つまり情報の）供給量がなかったから、やむなく自分自身で自分なりの知恵と工夫を発揮して、さまざまな物事の解決方法を独自に工夫し、状況を乗り切るしか手がなかったのである。しかし、それはそれで人生の楽しみでもあったはずである。

先立つ節で、「昔の子供たち（大人も同じ）は、今の子供たちよりも工夫力があり、手先も器用であった」と書いたのも、そのことである。すなわち昔の人たちは、壊れた器具（子供なら玩具の類）なども、自分たち自身で何とか工夫して修理して使うしかなかったし、かつ修理の材料も木や竹、それに針金の切れ端、折れ釘などがせいぜいであった。使える道具も、手先の器用さが求められるものばかりだった。紙を綴じるにしてもホチキス針などはなく、紙縒《こより》とか綴じ糸を使うのであるが、紙縒を自分で捻るには、かなりの指先の熟練が必要で、子供時代の僕には腰のしっかりした紙縒作りは無理だった記憶がある。村役場の事務員たちの机の上には、紙縒を差した竹筒が必ず置かれていた。昭和一〇年頃の思い出である。

玩具作りといえば、僕の旧友で鉄道模型を手作りすることを趣味としている男がいたが、僕の回想によると、戦前時代はもちろん、戦後の一九五〇年代頃までは、車輛のモーターとか車輪あたりまでの部品は模型材料店で完成品を買ったが、車体とかパンタグラフとかは、すべて自作したという。材料には、壊れたラジオ受信機の廃品とか空き缶とかを工夫して加工したらしい。模型趣味の読者だったらご存じだと思うが、鉄道模型のゲージには九ミリとか一六・五ミリとかがあるが、当然のこととして、部品の小さい小型のほうが自作は難しかったのである。

今では新品の材料類は、すべて模型ショップの既製品で買い揃えることができるようだし、そもそも現代の模型マニアの人たちには、自分で手間をかけ、こつこつと車輛作りまでやる人が、ほとんどいなくなっているようだ。昨今の模型趣味の人は、メルクリンなどの既成模型車輛をいろいろ買い揃えて、それを繋ぎ、レールの上を走らせるだけの安直な道楽趣味人間に成り果ててしまっているのである。

こうして見ると、本節冒頭の分類によれば、昨今の模型趣味の人は、すべて第一行動型人間であり、半世紀前までの模型愛好家は、すべて第二行動型人間だったということである。若い頃には自分自身で模型車輛作りを手掛けていた古い友人の回想では、実在しない豪華仕様の展望車なども自作していた経験があるという。そこまで踏み込むことが模型趣味の醍醐味だったのであろう。また旧時代の人はそれだけ手先が器用でもあったのである。

ベストセラー現象と日本

これも別な友人からの話であるが、子供にレゴのような組み立てパズルを買い与えたところ、子供はまず説明書に描かれているサンプルどおりのものを作ったそうだ。そこまではよかったが、それを作り終わったら作業はお終いで、あとはもうレゴへの興味をまったく失ってしまったという。つまり、自分自身でイメージを湧かせ、サンプルとは別な作品を工夫してこしらえてみようというところまでは、現代の子供は考えも及ばないのである。自分の知恵、工夫で、創造性を発揮し、与えられたサンプルとは違った別な作品を創作してみようという自発的なチャレンジ心というか才覚が、現在の子供の頭のなかにまったく芽生えていないことが、この話で判る。先に僕は「指示待ち人間」という造語を使ってみたが、この子供の場合がまさにそうで、外からの指示がない限り、自分からは動けなくなっているのである。それが子供の場合であれば、明らかに親ないし教師世代の指導責任だと言えようが、現代の状況は、親の世代そのものが、すでに指示待ち人間になってしまっているのだから、どうしようもない。

とにかく現状のように大人といい子供といい、人間が自分自身の独自の知恵あるいは責任で物事に対処するのではなく、すべて外部からの情報や知識に頼り切って意思決定をし、行動を起こすようになってしまった状況を想定してみると、そこでは社会的にどのような現象が生起することになるであろうか。次にそのことを考えてみる。

今例えば、栄養医学の権威者と言われるような人が、「このサプリメント（栄養補助食品）は、現代の中高年には必須だ」とか、ある著名な評論家が「この新刊本は必読だ」とか発言したとすると、第一行動型の現代人たちは、必ずや挙《こぞ》ってその指示のままに、その商品を購入しようとするであろう。権威者の情報には付和雷同して従うのが第一行動型人間の典型的特徴で、とにかくその結果は、世の中全体が一様の行動へ走ることとなる。いわゆる「ベストセラー現象」は、こうして発生する。わが国の場合、書籍の「ベストセラー現象」は、世相が情報化時代へ突入するようになった一九九〇年頃から、とりわけ顕著になったようである。直近のベストセラー本の発行部数は、出版元の広告文句を信用するならば、数十万部から数百万部に達するようである。

しかし、今から半世紀前だったら、新刊本はせいぜい一〇万部も売れれば、十分に超ベストセラーであった。最近の新刊本全体の年間発行総部数は、全体として減少傾向だと言われているにもかかわらず、一部の新刊本にだけ需要が極端に集中してしまっているのである。

書籍の場合だけでなく、一般消費財需要におけるこのような一部への集中化現象は、第一型の行動に走る人間の割合が昨今急増していることから、当然起こるべくして起こった現象だと言えるが、ともあれ世相全体がこのように大衆をして一様な行動へ走らせる結果、危惧されるのは、世界（ここでの文脈で言えば、消費世界）の豊かな多様性が、今日、急速に失われようとしていることである。

考えてみると、二〇世紀中葉以降の工業化、そして大量情報化の進展は、事物一般の規格化・標準化を促し、大量生産、大量流通を実現させ、それが大衆の知的生活万般を豊かにしたことは紛れもない事実で、そのこと自体は評価されるべく慶賀してよいことではあったが、それが二一世紀に入ってから、極端に行き過ぎる形で進行するようになってしまった。その結果、財貨サービスについての需要一般が、極めて一部の財貨サービスへ過度に集中する現象（直上の例で言えば、一部のベストセラー本にだけ読書層が流れてしまう現象）が生まれ、それ以外の財貨サービスへ流れてもよいはずの需要が極端に衰微する、憂慮すべき現象（ベストセラー本以外の多くの良書が、顧みられなくなってしまう現象）が引き起こされるようになってしまったことである。これは経済論的に言えば、一部商品への需要が雪崩を打って起こる結果、資源の偏在が生じるようになっている、ということであろうか。さらに言えば、それが人心の荒廃ももたらしているのである。

● 現代日本人の指示待ち傾向

このような、人為的に巻き起こされる需要偏在化の類似例を、次にいくつか考えてみよう。

例えば、人気あるテレビ番組の出演者が、「今晩は寒いようですから、このようなお惣菜はいかがでしょう」と言ったとする。すると、その日の午後には、スーパーマーケットの食品売場から、その出演者お奨めの食材が早々に品切れになってしまうことが現に起こっているという。昨今ならば当然ありそうな話である。

情報化に起因するこのような集中化現象は、大衆が情報で付和雷同しがちな、日本のような国民性の人々の間では、常に起こりうる。例えば、富士山が世界遺産に登録されたと報じられると、たちまちその年は多数の人が富士登山へ殺到するなども、その好例である。自分の頭で「良い」と判断して行動するのではなく、大勢の人がやろうとしているらしい行動には、自分も同調しないと何となく安心できない、という心理が、この場合は強く働いているのである。大衆のこのような「バスに乗り遅れまい」型の行動は、諸外国でもまったくなくはないと思うが、わが国特有の現象のように思う。

富士山だけではなく、ある場所が世界遺産に登録されたりすると、観光客（とくに団体客）がにわかに押し寄せてくるらしく、岐阜県北西部にある白川郷の合掌造りの民家集落の場合、登録されて大迷惑との声が地元民からは出ているという。世界遺産に指定されると、環境維持費が嵩んで大変だとも聞く。このような場合、マスコミ報道がそれを煽る影響がとくに大きい。新製品、流行・話題の商品の評判なども、当日の朝暗いうちからどころか、何日も前から売り場の前に長蛇の列ができるのも、日本特有の異常な現象である。

昔日は今ほどに情報網が発達していたわけではなかったが、それでも「日本三景」などは、いずれも当時の交通便利な主要街道に面していたこともあり、庶民旅行が始まる江戸初期頃から全国の見物客がこぞって押し寄せるようになった。名称の権威のゆえなのである。

民俗学者の柳田国男は、大分県の耶馬溪について、「わが国には、耶馬溪程度の景勝地は全国至るところにあるのに、耶馬溪の場合は、かつて頼山陽という名士が筆を極めて褒めたものだから、明治になっても見物客が後を絶たず、あんな狭い行き詰まりの谷に軽便鉄道までできてしまった」という意味のことを呆れて書いている。柳田は明治末から全国各地に隈なく足跡を印しているので、日本人の観光行動などでも、大衆が権威に付和雷同的に動くのを嘆き戒めているのである。現在でも、無名の地がテレビドラマのおかげで有名になったりすると、たちまち（とくに）団体客が押し寄せる。

山岳登山家の田部重治の「百名山」の場合にも、同じような現象が見られるらしい。田部が選定した百の山は確かに、いずれも登峰に値する名山だし、加えて田部は名文家でもあったから、登山流行《ばや》りの昨今、登山家たちの関心が、一斉にこの百峯征覇に集中する結果を生むことになったのも無理はない。しかし、その過度の集中現象については、（A新聞の記事からの引用だが）「百名山ねらいを吹聴する人は感じが悪い」という山ガイドの言葉や、「百名山の人はとかく予約をすっぽかすので予約は受けないことにした」という山麓のタクシー運転手の声が寄せられている。このように俄かアルピニストの輩は、どうも本当に心から山を理解し楽しむ人たちとは違った付和雷同的な雰囲気を醸し出しているようである。僕も若い頃から山好きで、休日には山の単独行を楽しんだものだが、田部百名山の選択は、やはり若干偏っていて、どうも北海道の名山の選ばれ方が少ないような気がしている。田部ご本人もその点には気が付いていたらしく、「自分は若い頃には北海道へあまり脚を向けなかった」と、弁明している。なお、登山客が芋を洗うように犇《ひし》めき合う名峯でも、登山ルートにより、またシーズンによっては、まことに「山を楽しむ」という雰囲気に浸れることを、ここでは付言しておく。

「日本アルプス」の名付け親であるW・ウェストンの肖像碑は、上高地の梓川の畔に見ることができるが、同人の肖像碑が九州はいちばん奥深い、大分・宮崎の県境にそびえ立つ祖母山頂にもあることは、あまり知られていないであろう。宣教師の彼がいかに深い眼で日本の山を愛したかがよく判る。九州の秘境とも言うべき祖母、傾、大崩の三山塊が、最近、国定公園に指定されたのは肯けるが、そうなるとまた大勢の人が押し寄せてくる心配がある。

山だけでなく、われもわれもと競って押しかける人種は、本人には悪気がなくとも、志が低く、品性が総じて低劣で、周囲の顰蹙を買う。旅行の例で言うと、旅行社などが大きな広告を出し、公募して集めた第一行動型である団体客層には、とかく品性の劣った人種が多く集まるようで、僕が五〇年来、年に二回ずつ連泊保養することに決めている九州のある山のホテルは、このところ一〇年ほど、一切の旅行社主催の団体客を受け付けないことにしたようである。理由は上に挙げたのとまったく同じで、団体客を入れると、ホテルの伝統的な落ち着いた雰囲気が乱され、常連客が嫌がるからと説明している。まことに尤もな措置である（公募でない自主的団体客は、受け付けているようだ）。しかしながら、このような一部の集中現象が見られるようになったのは、一〇年ほど前からのことらしく、かつ昔日の団体客はそれほどでもなかったという。これも僕の言う、日本人的な第一行動型の人たちの割合が顕著に増え、情報化社会が定着するようになった、二〇世紀末以降のように考えられるのである（多人数が集まると大声で喋り騒がしくなるのは、日本人、中国人、韓国人に共通の特徴のようで、西洋人は人の集まるところではむしろ小声になり、静粛になるようである。ある人の意見では、西洋人は子供の頃から教会へ集まる習慣があるからだろうという。教会では、大勢集まっても大声で騒ぐことはない。そうかもしれない)。

どうも現在、日本人は限られた一部の名所とか観光地、話題になったベストセラー本とか、流行の話題商品とかへ向けて、過度のラッシュ行動化をするようになってしまったようである。自分自身の頭で考えない「指示待ち人間」の集団になってしまった。まことに知恵のないことだと僕は考える。

I章―6

現代人が忘れている「自己責任」

これまでの本章の記述を通じて、僕は、昨今の日本人が一九九〇年頃からの情報化社会に突入してからというもの、ますます、

内部の知恵や工夫に依拠する自律的な意思決定（あるいは行動）を敬遠し、あるいは回避し、もっぱら、

外部の知識・情報に依存する他律的な意思決定（あるいは行動）へ走る傾向を強めるようになってきた事情とその背景とについて、さまざまな事例を挙げて説明してきた。

このような事情は、現代人たちをして、ますます精神的な、さらには肉体的な怠け者へと追い込みつつあることは紛れもない。何ごとも機械が考えてくれ、ロボットが代行してくれ、スマホが指示をくれるということであれば、人々がそうなっていくのも、当然の成り行きと言えば成り行きで

ある。

精神的な怠け者化だけならば、まだやむを得ないとも言える。しかしそれだけでなく、先の例でも見たように、その結果として、現代人の品性というか品格までが、それに伴って堕ちてゆく現象が、随所に見られるようになってきているのは、寒心に堪えないと言うしかない。外知に縋る、あるいは頼るということは、言葉を換えれば、自分の行為や行動について自分自身は責任を放棄し、責任を外部他者に負わせるということでもある。何か不都合なことが起こったとき、それはすべて外部者の責任だと決め付けてしまえば話は大変簡単であるが、僕のような、自分の仕事は自分自身でやってみなければ気が済まない昔気質の人に言わせれば、やや虫がよすぎるようにも見える。

人の人生行路のなかでは、予想の域を超える天変地異現象にぶつかることも多分にありうるし、不可抗力に近い事故だってないわけではない。したがってこういう状況のもとでは、人は自分の安全は常に自分で守る努力ないし工夫を、能《あた》うる限りしておくしか対策はない。僕自身は、そういう点では人一倍用心深く、神経質らしく、今でも新幹線に乗るときなどは、いつも一食分くらいのパンと水、果物くらいは鞄に入れておくことを習慣として続けている。新幹線が不慮の事故で、山の中のような変な場所でストップしてしまうことは、時偶《ときたま》ある。そのための非常食を携帯していることは、決して無駄なことではあるまい。在来線なら止まってもたいていは降りて歩けるが、新幹線だと人里離れた所の長大な陸橋などで長時間止められたりしたら、どうにもならないであろう。

僕の師の増山元三郎博士は、日本でも外国でもホテルの部屋へ入ったら、何よりもまず「非常口」を確かめること、また、できれば「非常口」まで自分の脚で歩き、そこのドアの具合くらいは自分で直接に確かめておけ、という教訓をしてくれたことがある。普段あまり使わない「非常口」が、いざというときに錆びついて開かないなどは大いにありうることである。宿では懐中電灯をベッドの側に置いて寝ることなども、励行したほうがよい。すべてはちょっとした知恵である。

●——自己責任には内知が必要

ヒトだけでなくおよそ生物ならば（幼時は別として）、常に自分の身は自分の責任で守る姿勢をもっている。人間も生物の一員であるならば、当然そうすべきであろう。

西洋の国々を訪れて公園などへ行くと、そこの遊園地のブランコや滑り台のような遊具の側には、必ずと言ってよいほど「この遊具は、利用者が自己の責任において（own risk）使え」といった注意書きが掲示されているのに気付く。own risk の意味を、当時小学校の二年生だった次女に説明したらまじめに感心していた。すべての行動は「自己責任」でというのは、西洋市民社会の常識なのである。むろん公園内の遊具の安全性は、公共機関が十分注意して管理しているにせよ、それでも子供がブランコに指をはさんだり、遊動円木から落ちたりする事故は当然に起こりうる。したがって最終的には利用者たちが自己の責任で使ってほしいという、西洋市民社会の論理がそこには見られる。僕の住んでいる地区の小さな公園にも、同じような遊具が二、三〇年前まではいろいろ置かれていたが、設置者は、何かのときに責任を問われることを惧れてであろう、遊具そのものを取り外してしまった。子供の遊ぶ小公園なのに、遊具は鉄棒だけしか今では残されていない。own riskという考え方は、どうも日本には根付かないらしい。

ドイツの高速道路《アウトバーン》は、その大部分が「速度制限なし」である。無茶苦茶に飛ばすドライバーもいるし、当然危険かもしれないが、自己責任の考え方が基本にあるドイツでは、そこまでは国が干渉したりしないのである。飛び込み自殺をしそうな人がいても、ドイツの警官は制止したりしないという話を聞いたことがある。これも「自分で死にたい人は勝手にどうぞ」ということらしい。

およそ自己危険とか自己責任とかいうことは、すべての物事の解決にあたっては、なるべく外からの知とか外力とかに依存してしまうのではなく、常に内知とか内力とかを十分に働かせ、自律的に行動せよということでもあることに、僕らは深く思いを致す必要がある。日本のように、自国の安全保障なども、自力によらず、国を取り巻く外力にこれを依存しようという、他人《ひと》任せの考え方も、この際考え直してみる必要があるように思われる。

＊1　この問題を主題に扱った文献は、内外とも極めて多い。ここでは次の一書だけを挙げておく。J・ハーリー『滅びゆく思考力』西村辨作、新美明夫編訳（大修館書店、一九九二年）

＊2　学修という語よりも、学習の語のほうが一般的には多用されているが、学習という術語は、生物学、心理学、教育学などごとに定義を異にしているようなので、本書では、以下なるべく一般語として学修の文字を使うことにする。

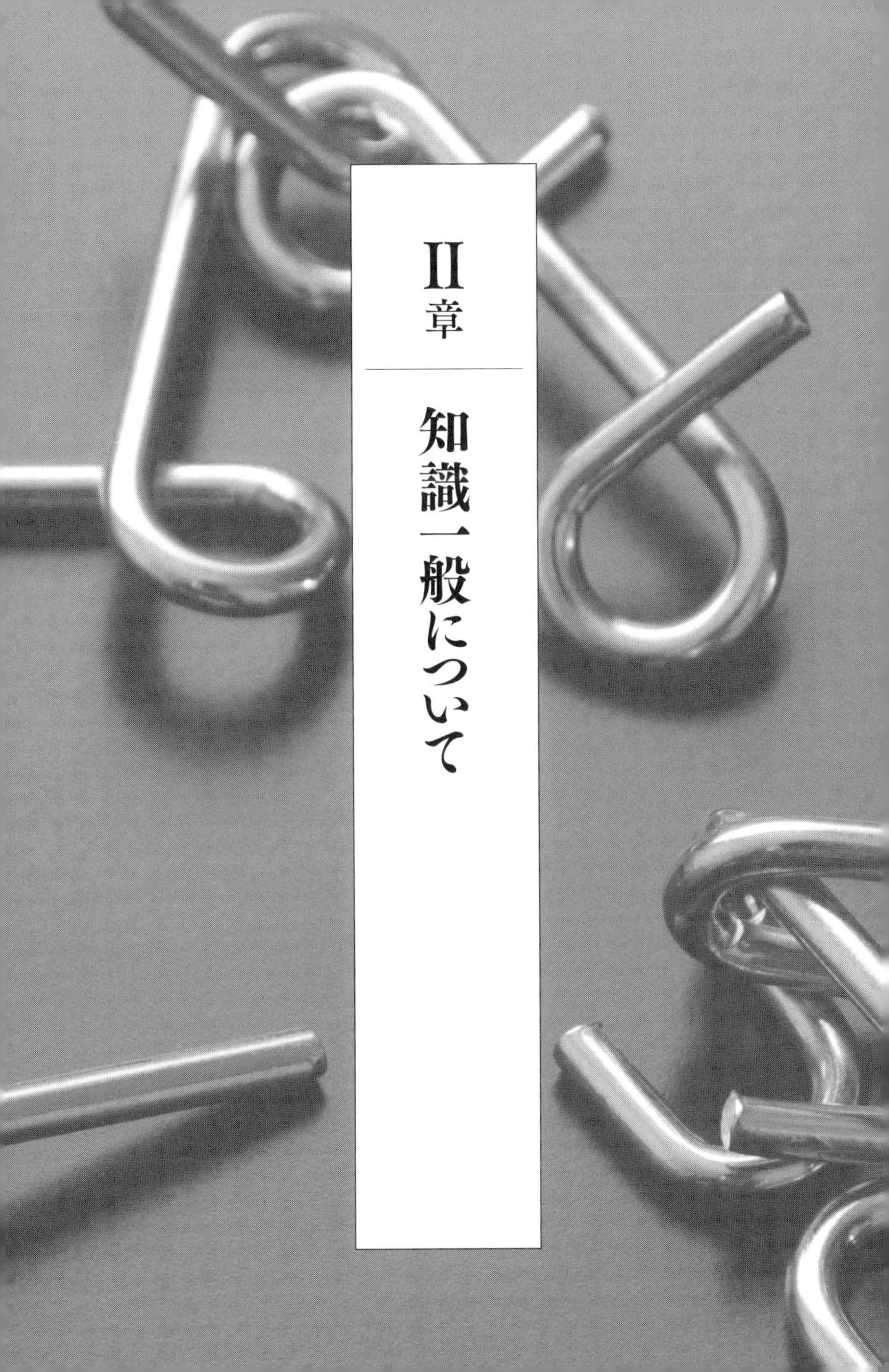

II章

知識一般について

米一粒の重さとか、切手一枚の目方とかを正しく測れと、出し抜けに問われても、答えに窮するかもしれないが、一粒、一枚で測ろうとするから無理があるので、一粒、一枚でなく、百粒、百枚纏めて測って百で割れば、尚更に正答が出る。

愛玩動物の体重を測れと言われたら、飼い主がまず動物を抱いて合計の体重を測り、あとで飼い主の体重を求めて、前者から差し引けばよい。

この種の問題は、どの本にも答えは多分書いていないが、人の知恵の程を試すには良問であろう。

この種の問題は、問題を作ってみることも、また解いてみることも、知恵を磨く良い勉強になろう。肝試しならぬ知恵試しに役立つと思う。

Ⅱ章—1

知識は無形の財産、精神の糧である

人間の一生にとって、知識は一種の「無形の財産」あるいは「資産」のようなものだと考えてみると判りよい。昔日、有形の財産をたくさん抱えている資産家は、皆からお大尽《だいじん》などと呼ばれて里人の尊敬を集めていたものだが、同じように優れた知識をたくさんもっている人もまた、在の人たちから敬愛されていたようである。

財産（昔ふうの言い方ならば「お宝」）は、ただこれを抱え込んでいるだけでも、人は心豊かな気分になる。しかし「宝の持ち腐れ」という言葉もあるように、それをただ抱き込んでいるだけでは、あまり能がない。古美術品なども、自宅のお蔵に仕舞い込んでおかず、公開して多勢の人にも見てもらえば、それだけ宝も生きてくる。昔のお大尽が村人の尊敬を得ていたのも、やはり事あるごとに、地域のために何かと義捐などを施していたからであろう。要するに、すべての財産はこれを自分のために、かつ世のために、上手に活用することでその意味も出る。知識も、一種の財産であるからには、これをただもっているというだけでは芸がなく、それを自分自身のために、また世間のために、上手に運用し活用してこそ、意味があると考えるべきであろう。

ところで、知識財が一般の有形財産の類と相異なるのは、使ったからといって、減るものでは必ずしもないこと。さらに一般の財産の場合には、これを所有しているだけでも、土地財のように税が掛かってくる。そのかわりに他界した場合には、有形財産は子孫へ相続されて、その価値を家族の許に残すことができる。これに対し、無形の財産である知識のほうは、これを所有しているだけなら、税務署に睨まれないが、そのかわり死んだあと、これを家族などに相続させることは不可能だし、社会へ寄付したりすることも難しい。ただ、ある種の知財は、一般の有形財と同じように、これを有償または無償で他者に譲渡することが可能な場合もなくはない。発明の特許（patent）のようなケースがそれである。なお無形の財である知識の金銭的な価値の客観的な評価は、有形財の場合と違って、いささか複雑である。市場が存在していない場合が少なくないばかりでなく、知識財の場合は、需要家ごとに評価がまちまちである。また知識財の社会的価値は、時代の推移につれて大きく変化する。情報時代に入ってからというもの、各種知識の価値とその変動幅は、それ以前に較べ、全体として大きくなっていることは確かである。

知識を活用する能力

お金持ちの資産家と称される人たちが、必ずしも彼の資産の運用に巧みであるとは限らないように、頭のなかにしこたま知識を貯め込んでいる知識人と称される階層の人たちが、そのもてる知識の活用に常に巧みであるとは限らない。むしろ逆に、下手ではあるまいかとさえ考えられるふしがなくもない。というのも、知識という財産を自己の脳のなかへ取り込み、これを記憶のような形で保持・蓄積する能力と、それらの記憶を必要な状況に応じて吐き出し活用する能力とは、もともと別種な能力だと考えられるからである。自己のなかへ取り込んださまざまな知識類を素材あるいは土台に、自分なりの独自の新しい知恵を絞り出す能力に関しては、後に続く諸章のなかで、改めて詳しく考察する。

なお、立ち入って考えてみると、とりわけ日本人の場合、昔から知識というものは、これを自己の頭のなかにたくさん貯める活動それ自体が何か最終的な目的ででもあるかのように考えられてきたふしがなくもない。良い知識は、知っていてもべらべらと口に出して喋ったりすることははしたないことで、すべきでないと見なされ、「良賈は深く蔵して虚しきが如し」などとも言われてきた。優れた知識はやたらに口外するべきではないというのは、けだし儒家の訓えの影響であろう。

外知受容のこのような習慣的姿勢は、明治以降の西欧諸学問の摂取に際してもかなり顕著に存在していて、当時の多くの研究者たちは、泰西文化の輸入にひたすらかまけ、それらを本邦へ広く紹介することだけが、知識人たる者の基本的な仕事でもあるかのように考えてきたふしがある。実際その結果、外部からの知識の吸収、摂取だけを事とし、自己自身のオリジナルな業績を一向に外部へ出そうともしない碩学者たちが多く輩出することにもなった。世の読書人などと呼ばれる人には、そういったタイプの人が今日でも少なからず居ることである。

僕が大学生だった頃にも、知のこうした資産家型の大先生がなお多勢いたものである。戦前、経済学者のJ・シュムペーターが来日し、関西でも講演したが、そのとき神戸大の某大学者がその講演を聴いていて「たしかに初版ではシュムペーターさんの言うとおりに書かれているが、改訂された新しい版ではそうなっていない」と抗議し、あとで事実を調べたシュムペーターが「たしかにあなたの指摘のとおりだ」と謝ったという有名な話がある。ただこの大先生は、博覧の大知識で聞こえた人ではあったが、自分自身ではほとんど論文らしい論文は書いたことがないことでもまた評判であった。その大先生は、このような知識の資産をしこたま貯め込むものの、それの運用などには無関心なタイプの旧型学者の典型だったわけである。けだし当時はまだ、すべての学問が輸入時代だったのである。こういう日本の学者を、欧米では当時「ブラックホール学者」と呼んでいた。周りの物質をみんな自分のほうへ吸い込むが、自分のほうからは、一切吐き出すことをしなかったからである。

話の筋を本論に戻してまとめると、知も財もやはりそれを巧みにに運用することで、その社会的貢献の度は増大し、本人の身をも世をも裨益《ひえき》するのである。

●――脳みその食物

知識はまた、これを人体にとっての食物あるいは食糧に喩えることもできる。食物が欠乏すると、人は飢えや渇きを覚えるが、それと同じように人間は、脳みその食物とも言える知識の供給欠乏状態に陥ると、その脳は精神的な飢餓状態に曝される。ことに人間は、その幼少期や青年期の発育盛りは、栄養物摂取欲が旺盛であるように、知識欲のほうも同じように旺盛であるのは当然である。

思い出すと、僕自身の高校（旧制）から大学時代は、あたかも太平洋戦争の最末期の頃で、学園生活とは言っても形ばかりで、教室での授業らしい授業がほとんどなく、ひたすら軍事教練だの、工場への勤労動員作業だのに駆り出されて、ろくに知的な勉学もできない日々が長く続いた。学徒（この言葉は、戦時中に学生・生徒を合成した時局造語である）として海軍工廠で労働させられた経験は、それなりにのちのち若干役には立ったけれども、知識欲が最も盛んな人生時期に、強制的に勉学の機会をこのように断たれると、かえって僕らは無性に、語学や数学のテキストとか、思想や社会科学の文献などへの激しい飢えを覚えたものであった。高齢になった現在でも、僕はどうも自分の基礎学力、とくに語学とか数学とかが、一、二年先輩たちに較べて劣っていることを、何か事あるごとに自覚させられる。旧制高校の授業は、本来三年間であるべきところが、僕の学年度だけは二年間に短縮され、しかもその短い在学期間の大部分は、学徒勤労動員に引っぱり出され、落ち着いた勉強などは、ろくすっぽうできなかった。この年齢での一年間の欠落は大きい。さらにまた、食糧のほうも、戦時・戦後の時点では著しく不足だったから、僕らは頭脳と胃袋の両面で飢餓に悩まされたわけである。

ただ人は、青少年時代を過ぎて、外部知である系統的な諸知識をわが身へ吸収する力が衰えるようになると、よくしたもので、本人がよほどそのつもりで努力でもしない限り、知識吸収意欲、つまり向学心のほうも、どうしてもめっきり衰えてゆく。こうして人は、大人の仲間入りをするようになるにつれ、新規の知識などを、今さら苦労して系統的に吸収したりしなくても、それまでに仕入れた基礎的、系統的な、あるいは雑多な断片的な知識や日常経験知だけを頼りに何とか生活だけはしていける気持ちも手伝って、壮年・中年以降は、新規の知識吸収欲をとみに、低下させるようになるのである。

なお、言うまでもないことだが、知識にもまた、食糧の場合と同じように、脳みそへの栄養価の高い良質なものと、そうでないものとが当然ある。口当たりだけは美味しいが、躰には大して役に立たない健康に悪い食物や飲み物があるように、知識の場合もまた、脳の知的訓練にとっては無益有害なものが、世上には数多《あまた》存在している。逆に躰の発達にとっては良い食物が、必ずしも食べて美味しいとは限らないように、知識にも、頭脳の発達にとって良い知識が、必ずしも口当たりが良いとは限らない。

したがって人は、学校教育のように、外部からの基本的かつ組織的な知識の摂取を強制される状況から解放される年齢になると、次第に良質な知恵発揮の目的とはあまり縁のない、かつ頭脳の鍛錬のためには殆んど役に立たない、ただ口当たりが良いだけの週刊誌的知識や、刹那的なナンセンス情報の類を求めて、それへ走るようになる。人びとは、ただ口淋しいという動機だけでガムを嚙み、煙草を咥えたくなるように、活字淋しいとの動機だけでゴシップ記事中心の週刊誌に走ったり、馬鹿さわぎ的な放送番組に時間を浪費したりするようになるのは、その結果である。良質の知識摂取活動から長年離れて暮らしてきた成人の大人たちへ向け、改めて系統的な知識注入教育を試みることは、まったく不可能なわけではないが、難しい作業であることは確かである。

そういった成人たちに対し、改めて系統的な基本知識への関心を喚起させることを目的とした書籍とか講習会の機会とかは、世上にいろいろ存在しないわけではないが、多くの成人たちにとっては、若年時代に還ってそれらを再学修したり新規学修したりする気持ちはあっても、俗世界の仕事に日常忙殺されている彼らには、（よほどの学修動機でもある場合は別として）それらへ向かう機会や手掛かりはもはや欠落しているのである。

Ⅱ章―2

体系的な知識と非体系的な知識

本節からあと、知識一般について立ち入った考察を進めていくが、その必要上から、この節ではまず知識一般をば**体系的**（systematic）**な知**と、そうではない**非体系的**（non-systematic）**な知**とに両分して考えてみる。

このように両分した場合、前者の体系的な知とは、科学や技術のように物事に論理的な筋道を立て、それに沿って考える各種の知識のことを指し、後者の非体系的な知とは、人びとが日常生活を営むなかで、当面する状況に応じて取捨したり活用したりする雑多な知識群のことを指す。これらは断片的（fragmental）な知識と称してもよい。俗に雑学知識などと称されているものは、後者タイプの知識である。雑学のことは本節の末尾でも触れるが、ただ一見しただけでは、断片的・散発的な情報のように見える雑知であっても、これを何か特定の視点で整序してみると、立派に体系化することができる雑知もないではないから、どの知が体系知の一部か、そうでないかは、一瞥しただけでは一概に何とも言えない。本書のⅥ章では、そういったケースの具体例をいくつか取り上げて探ってみる。

まず体系知のほうから。僕らの初等教育以来の算数とか理科とか、語学修得とかの体験を思い出してみると判るように、人が何かの体系的な知識を身に付けるには、一定の学修手順を踏み、階梯を踏み重ねて進むことが常に求められる。ことに理数系の知識などの場合には、その知識体系のどこかの一部分だけを、摘み食い的に切り取る形で修得することは不可能である。したがって体系知の場合は、体系そのものがしっかり出来あがっているものほど、修得に時間も根気も要る。

体系度の強い知識で、学校授業を一回でも休んだりしようものなら、その続きが皆目理解できなくなる。数学や物理の授業はその好例である。文学の授業などはまだしも、経済学の講義のようなものでも、授業時間の冒頭に教師がいきなりたくさんの記号を黒板に繰り出したりした場合、一分でも遅刻しようものならば、もうあとが判らなくなってしまう。そんな経験をした読者も少なくないと思う。

およそ科学の諸領域にあっては、知識はすべて系統的・累積的な繋がり構造をもっている。技術的な知識も概して然り。したがって科学的・技術的な知識の場合、人はまず初等的な基礎知識の修得から出発し、順次に中等そして高等なそれへと手堅く梯子段を一歩一歩上っていくのが、体系知一般に共通した学修法である。同じテーマでも、少しずつ視点を上げるように重複した勉強を求められることがしばしばあるのも、そのためである（例えば高校レベルで教わる微積分でも、大学で再履修するときは、より高い視点からの再学修が求められるなどは、その例である）。

なお、体系的知識の積み上げ履修内容をさらに確実なものにするためには、しかるべきドリル（数学なら演習問題や応用問題に挑むとか、語学なら作文や会話訓練を重ねたりすること）が、常に要求される。さらに、実験とか観察などの実技を伴う学修行動が課せられたりするのも、そのためである。とにかく体系知の学修は、坂を一歩一歩登るような仕事だから、途中で止めてしまったら駄目である。数学でも外国語でも、また音楽のような実技的なものでも、そのことは共通に言える。また、せっかく学校や教習所へ時間をかけて通っても、後々それを活用せずに錆びつかせてしまったら、再履修は骨が折れる。人が何かの体系知を保持し続けたいと望むならば、それを活用する機会を自分の努力で常に作り出していくよう、心掛けている必要がある。

およそ各種の体系知の修得は、頭が柔軟な年若いうちから始め、密度を詰めてこれを身に付け、かつ生涯かけてドリルを怠らない覚悟・決心が要る。「若いうち」と書いたが、どの程度の若さが適当かは、学ぶ知、身に付ける技の種類によって異なるが、数学、音楽のような抽象的で、かつ学ぶ過程で人生経験をとくには必要としないものほど、学齢前のごく幼い年齢から学び始めても差し支えないようである。[*1] 抽象度がそれほど高くない、具体的な諸知識の学修の場合には、もう少し上の年齢になってからでも遅くないということであろうか。

いずれにしても、幼年時からの知や技の学修に関しては、とりわけ周りの親などの直接的な協力が不可欠で、親が知的面でだらしない生活をしているようでは、幼児早期教育は見込みがない。要するに、すべてにつけて体系知修得には「環境の大切さ」が、強調されなければならない。

ただ体系的知識一般は、その意味、内容がちゃんと理解できれば、そもそも面白いはずのものであるから、本人がいやいや学修するのではなく、積極的な学修姿勢で臨むようにすれば、知の扉は誰に対しても公平に開いてくれるはずである。その場合にも、親とか教師とかの役割は常に極めて大きい。人がある学科を好きになるのも、嫌いになるのも、当該課目の教師の指導の仕方によるところが大であることは、読者自身の幼少時の学校時代の体験を想起してもらえば、判っていただけると思う。

日々脳内へ受容する非体系知

以上で、体系的知識とその修得について一通り述べたが、次に非体系的な知識の考察へと筆を進める。人が非体系的な諸知識で、日々脳内へ受容しているものは、これを大きく二つに分けることができる。一つは、人が、

教養・文化的な意図をもって、身に取り入れる知識

であり、もう一つは、

日常生活のなかで、さらに毎日毎日の仕事（job）の場などを通じ、必要に応じて覚える知識

である。

前者は、人が知識欲的な動機で受容する知識の数々で、その代表的なものは、一般の教養を目的とした読書活動によるものであろう。近年では、目で読むものだけではなく、耳で聴くものも加わっている。知識の受容手段としての読書行動については、Ⅲ・5節でさらに具体的に考察する。とにかく読書行動も、ただ時間つぶし的に娯楽目的でする読書行動と、何か特定の知識吸収の目的でするそれとでは、書物の選び方、接し方も大きく異なることは言うまでもない。

茶の間などで毎日視るテレビ番組は、僕を含めて多くの人びとは、ニュースや天気予報などを別とすれば、娯楽目的で視るのが常だが、数ある番組のうちには体系知の有力な摂取源になりうる内容を含むものも決して少なくない。ただ、どの番組がそうなのかは、視てみるまで判らないことがしばしばであるから、テレビの傍らには必ずペンと紙とを常備しておくことを奨めたい。テレビの画面は読書と違ってどんどん進行していくから、見終わったあとでメモにしようなどと考えるのではなく、視聴の際、その場で即時に重要なキーワードだけでもメモしておいたほうがよい。テレビに限らず、およそ肝要な事象は、すぐにその場で何でもポイントだけでもメモっておく習慣をつけておきたい。テレビ視聴が読書よりも優っている点があるとすれば、視聴による画像情報が加わる点である。

次に、僕たちが何らかの意図・目的のもとに獲得する知識とは別途に、日常生活のなかで、あるいは毎日の仕事の場を介して、さらに友人との会話によって覚える諸知識である。人は誰でも、日々の社交活動的な触れ合いとか、買い物活動とかを通じて、あるいは乗り物のなかや、散歩や旅の時間のなかで、それに伴って覚える知識の一群がある。この種の諸知識は、いずれも人がアウトドア行動をすることで初めて獲得できるものであり、ただ家のなかに独りでじっと閉じこもっていたのでは脳へ入ってこない。しかし、この種の知識の質と量とは、決してばかにならない。人は年を取るとか病床に臥すとかして外出の機会や人に会う機会をなくしたりすると、この種の情報の受容機会はばったり失われる。また外出するにしても、毎日同じルートばかり巡回したり、同じ人とだけ顔を突き合わせたりしているのでは、新規の知識はあまり増えない。昔から僕は「A地点からB地点へ行く」にしても、いつも同一のルートとか、同じ乗り物に乗るとかせず、できるだけ相異なったルートや移動手段を使うように心掛けてきた。さらに、同じ道路でも時間帯を変えて通ってみると、街の風景はまったく異なって見えてくるものである。昼は人通りが少なくても、夕方から夜になると、街の顔はすっかり様変わりすることがある。人は、とにかく常に興味をもって観察力を働かせ、好奇心を滾《たぎ》らせて万事に臨む習慣を身に付けていると、いろいろな新しい知識が脳へ飛び込んでくるものである。

他者を介して耳に入る情報なども、例えば組織の内部から洩れてくる情報と、組織の外部者から飛び込んでくるそれとでは、内容がことごとく相反したりすることもよくある。あらゆる情報は出所を確かめたうえで選択、受容することが肝要である。

計算し尽くされ、降り注ぐ知識

およそ現代人は日常身辺的な情報の知識を、どのような媒体を介し、どのようなルートで獲得しているのであろうか。これも時代ごとに、非常に変化が著しい。昔の人たちは、時代を遡るほど、狭い範囲の親しい友人、知人とか近隣の住人とかとの交際を通じ、日常諸般の知識類を入手していたに過ぎなかったと考えられるが、現代人たちは、生身の人を介した情報よりも、広告媒体的情報類を中心に、マスコミによる知識入手の機会を増やしていると思われる。さらにまた、必要とする知識・情報の内容自体も、かつてならば農事とか漁場などの身近な生産行動に関わる内容のものが大部分だったと思われるし、人の健康とか医療面での日常知識類も、売薬や民間療法に関するものが中心だったと思われる。昔は年に一回、各家庭を訪れてくる富山の薬売商人たちが、恐らくは唯一の健康知識の情報源だったであろう。毎日、口にする食品知識なども、旧時はそれほど目移りするような新規知識を必要とするものはなかったはずである。

先に兼好の『徒然草』のことに触れたが、この随筆をよく注意して読んでみると、中世の都人たちが、彼らの身の回りのどのような人士から、どのような種類の情報を、興味をもって入手していたかがよく判る。読者も、そういった視点で『徒然草』などの随筆類を改めて読んでみると面白いと思う。中世から近世頃までの、一般の村人たちの日常知識の交流センターは、村の寺院や神社の祭祀などの場ではなかったかという気がする。

それが、現代ではどうであろうか。中世人や近世人とは大きく異なり、昨今の一般消費者が日夜受容する各種商品やサービス、新知識の種類と量は莫大で、しかもそれらの大部分は、マスコミを媒介に、コマーシャルなどの形で消費者のもとへ送り付けられてくる。栄養、健康、美容等々の分野ごとに、昨今の市場は極めて細分化され、情報の発信者たちは、計算し尽くされた方法で、商品知識を消費者たちの頭上へ降り注がせている。栄養補助食品などと称するものも、半世紀前までは市場にほとんど存在していなかったが、今では、男女年齢別はもちろん、子供用とか、ペット用とか、昔日には考えられもしなかったような市場細分化が実現している。また、衣料商品類では、あまたの流行知識が振り撒かれ、住商品系では、省力化、消エネ化がセールス上の訴求情報になっている。

この節の末尾に、雑学的な知識のことに一言触れておこう。先にもちょっと触れたように、雑多な経験知識と称されているものも、これを篩《ふるい》にかけてみると、人の生活行動や研究活動にとって直接、間接に役立つものが少なくないことに僕らは気付く。いわゆる「おばあさんの知恵」(正しく言えば、「おばあさんのような、先人から継承した日常生活面の知識」とすべきであろう)などと言われるもののなかには、現代の日常生活体系知へ組み込む価値のある合理的な知が、いろいろ散見される。例えば、赤飯の重箱折りの上に「南天《なんてん》の葉を飾る」という口伝の習慣が昔からあるが、これは飾りの南天が変色しているような古い赤飯は食べてはいけないという事実を、先人が経験で知っていたためである。小豆の蛋白は腐敗するとプトマイン中毒を起こす。また馴鮨《なれずし》のあいだに挾む葉蘭《はらん》は、少しでも鮨が古くなると葉蘭はすぐに張りを失うからで、単に美観用だけの飾りではないことを、昔の人たちは気付いていたのであろう。柿の葉鮨の柿の葉にも、何か衛生上の意味があるらしい。飾りになる緑の葉なら何でもいいわけではないのである。僕は子供の頃、ダリアの葉に温かいご飯を載せると青酸ガスが出るので危険だと母から教えられた記憶がある。

この種の知識を含む日常の生活知・運用知のような一群の知識は、もともと学校教育の場ではなく、家庭や地域社会内の相互教育の場で、次の世代へ継承されるべき性格の知識であったが、核家族化し、また大都会などで地域社会が失われてしまうと、その継承の途が途絶してしまう。一部のテレビ番組などでも、ときどき「昔の人の知恵」などとして教えてくれたりしているようだが、こういう実際的な現場知識は、親から子へのようにオン・ザ・ジョブ式に口伝えして貰わないことには、なかなか学修者の頭には入りにくいようである。

個人住宅の構造なども、昔日と現在とでは大きく変わってしまった。昔の個人住宅の場合は、(長屋などは別として)小さい住宅の場合でも必ず玄関らしいものがあり、勝手口とそれとは別々だったものである。井戸端会議は、そういった情報の貴重な交流の場であった。一〇年ほど前に大学の講義で、たまたま「玄関」という言葉を使ったところ、学生からゲンカンって何ですかという質問が飛び出して、驚いたことがある。そういえば当世の高層マンションなど、かなり高級な世帯でも、客や主人の出入りする玄関と家人の出入りする勝手口とが区別されていないところが、大部分のようである。マンション生活では、日常の井戸端情報は伝わらない。生活上の非体系的知識は、世につれて流れそのものがどんどん変化していくのである。

Ⅱ章―3

体系知の修得には時間と費用が掛かる

話題を体系的な知の議論へ戻そう。この節で考察してみたいことは、一人の人間がその一生の間に各種の体系知を修得するのに必要な、「時間」と「費用」に関する話題である。その総量と総額とは、人が恐らくは漠然と考えているであろうよりも、はるかに大きいと考えられる。ことに今後、情報化社会がますます高度化し、職業が専門的に細分化していくであろうことを考えると、人が生涯働くために、また生活していくために必要とする各種知識の摂取修得に掛かるコストは、（それを働く本人が支出するか、国や雇用主が負担するかは別として）年々鰻登りに増えていくに違いない。ことに医師とか航空機操縦士のような専門度の高い職業人を育てるには、莫大な時間とコストが掛かる。

顧みると三百年ほど前の江戸時代、庶民たちの最低基本に必要とされる体系的知識といえば、いわゆる「読み、書き、そろばん」の範囲のそれと、ほぼ相場が決まっていて、農民たちは子弟を村の寺子屋へ通わせ、それらを学ばせていた。学修の費用といえば、村人が自分の畑で獲った野菜とか諸とかを束脩《そくしゅう》として持参する程度にすぎなかった。つまり昔日の農業社会では、人びとが生涯を生きるのに必要な体系知の修得に要する時間と費用とは、ごく僅かでしかなかった。また農業以外の手工業や商人のための知識・教養は、すべていわゆる親方徒弟式のオン・ザ・ジョブ教育によっていた。[*2]

江戸時代と違い、現在のように大学レベルまでが、人の体系知修得のための事実上の必修時間と見なされるようになると、親が子弟のために支出する金銭上の負担は莫大になり、かつ学修する本人自身も、生涯のうちの大きな割合の歳月を、体系知修得のために充当しなければならなくなっている。もっとも、現代人にあっては生涯時間そのものが大きく伸び、生涯労働時間全体も増えている面があることから、その分だけ投下した学習コストの回収のほうも容易にはなっているはずである。ともあれ、こうした意味で、二一世紀は顕著な知識社会であり、学習社会だと見なすことができるように思われる。

現代人が自己の教育啓発のために、どれくらい大きな投資を強いられているかを示す一つの数字として、米国のハーバード大学で、日本の四年制大学コースに当たるカレッジに学ぶとして、その際の学費、諸経費、寮費を合わせた費用を計算してみると、年間六・六万ドルになるという（日本経済新聞の記事による）。さらに右に加えて生活費、旅費、医療保険までを合算すると、卒業までの四年間に掛かる経費の総計は日本円にして、ざっと三五〇〇万円になる。ただ米国の給与調査によると、大卒者の生涯所得は高校卒ですぐ就職する人に較べると、（大学卒業後二四年間働くと仮定して）平均で九〇万ドルほど多い計算になり、大学教育投資は経済的には十分ペイするはずという。スタンフォード大学ならば、投下資本利益はハーバード大学の場合より一六万ドル多くなる由。

ただ米国の有名大学は、昨今東南アジアなどの金満家の子弟が多く押し寄せるので、彼らを誘致しようと設備などに競ってお金を掛けているようであるから、それに較べれば欧州などの伝統ある大学にはそれなりの歴史的重厚さも加わり、進学を教育投資として見れば、米国有名校を目指すよりはるかに割安につくという。総体的に欧州の歴史ある大学は、米国のそれらに比し実学よりも古典的な教養の学問に力を注ぐ傾向があるようだ。

若者たちが有名大学の門をくぐることの効用は、そこで良質の授業を受けることもさりながら、学園生活期間を通じて生涯貴重な友人、仲間に巡り合うことができる点にあることも忘れてはなるまい。むしろ効用は後者のほうである。

現代人の身に付きにくい知

昔も今も、万人にとって体系知の基礎ないし土台になるものは、語学力（読む力と書く力）と計算力（数える力）であり、この二本柱がわが国だけでなく諸外国においても、義務教育の初期段階に据えられている。そして、それに続くものが理科などの自然科学的な知識、地理、歴史、法律・

経済のような公民的ないし人文・社会の諸知識である。さらにその周辺教育ということで、芸術や技芸的な課目、身体を動かす体育的な課目、その他の実技を伴う知識類がそこへ加わる。

ただし、これらのうち人文・社会以下の諸知識は、学校教育によらずとも、家庭生活、社会生活を普通に営んでいれば、ある程度までは成人化の過程で、独りでに身に付く側面がなくはない。しかし理科など自然科学系の諸知識は、現代の子供（そして大人も）のように都市生活にどっぷりと浸かっている多くの日本人にとっては、せめて学校教育のような場で、その輪郭を身に付けておく必要がある。これらの体系的知の修得は、社会人になったあとでは、身に付ける機会が容易には得られない。というのも理工体系知の修得は、社会・人文系のそれと違って、対象について実物に臨んでの観察や実験といった作業がどうしても必要だからである。テレビの教養番組などを視ていると、理科実験なども講師がやってみせてくれたりしてはいるようだが、講師の手許の作業をただテレビ画面上で視ているだけでは、やはりどうも頭によく入らず、身に付かないような気がする。理工系諸知識の修得は、学修者自身が直接に実物に触れ、現場に臨んで自分自身で対象に手を下し、実験の失敗なども繰り返してようやく身に付くものであるように思う。

現代と違い昔の農村生活時代の子供たちは、自然に直に接する機会がはるかに多かったから、自分を取り巻く動植物などについての知識は、いやでも覚えさせられていた。しかし今日のように多くの人が都市で暮らすようになると、そういった知識を身に付ける機会がまるで失われてしまう。僕の子供の頃あたりまでは都会の子も、農村の勤労奉仕などに駆り出される機会がまだいくらかあったし、近在の山で植林を体験した記憶もある。太平洋戦争中は、銃後は労働力不足だったから、中学生くらいの都会の少年は幾分でも自然を自分の身体で理解する機会がなくもなかった。江戸っ子で町中に育った夏目漱石が稲田を見て「あれは何の草か」と訊ねたというから、昔でも都会っ子は、まことに自然知識には疎かったのである。都会育ちの司馬遼太郎のような文士も、鳥とか昆虫とかについては関心がおよそなかったようである。司馬の小説には、動物や鳥はまったく出てこないようである。

●――実証に基づく知に劣る日本

そもそも実証学問というものは、自然についての学修であろうと、人文・社会系のそれであろうと、学修者はただ机に向かい懐手して本を読むような勉強の仕方だけで済むのではなく、自分自身の眼で研究対象の実物に直に接し、また五官で実物に触れることで、対象物についての知識を体得するようにすることが必要である。

日本人の古来からの（平安時代あたりから江戸時代まで）学問や教養の内容《なかみ》、ならびにその学修のやり方を回顧してみると、そこでのやり方は一貫して、過去の古典文献類を中心に、その内容を解釈したり論判したりすることがもっぱら学問・教養の主眼と見なされていたようである。いわゆる「訓詁の学」である。実証的に事物に触れ、それを観察したり、分析したりすることで、真理に近づく学修態度が、そこにはまったく見られなかったのは、今日の僕らの眼から見るとむしろ不思議である。平安後期に書かれた『堤中納言物語』には「虫を愛玩する姫君」が変人扱いされていた話が書かれている。今日なら、その姫君は「理系女《リケジョ》」である。現在の多くの人文・社会系の知識人たちが外界の直接観察に疎い理由も、そのあたりに根本原因がありそうである。人文・社会的な学問分野の学修の場合についてだけでなく、実技を伴う医学・医術のような領域においてさえ、解剖とか実験を伴う諸研究は、一九世紀になって泰西からオランダ医学が輸入されるまでは、日本では実証的な研究の萌芽さえも見られることがなかった。

なお、体系的諸学問の修得一般に関して言うと、実証活動を伴う理工系、医系の知識修得は、文学や人文・社会系のそれに較べると、時間も費用も、より多く必要であることは紛れもない。その点では旧時代におけるわが国での学問修業は、それほど時間もお金も掛からなかったであろうと思われる。これに対し泰西諸国では、学問修業なるものは、そもそもそれを志す人たちが多くの時間と費用をかけ、実証研究活動を積み上げて行う大きな規模の作業であることが、往昔から一般にも常識となっていた。ただそうなると、諸学問活動の成果を一般大衆にも判りやすく、かみ砕いて説明することが当然に必要になることから、それを目的にした科学ジャーナリズムなども発展を遂げ、そしてその結果、そのことが専門諸科学側の隆盛をも促すことになった。こうして欧米では科学というものが、一部の特別な階層の人びとだけのものという考えは次第に払拭され、科学一般の「民主化」が実現するようになっていった。イギリスの『ネイチャー』とか、米国の『サイエンス』のような内容的に水準の高いジャーナル類が一般教養誌並みに市販されている現状が、そのことを如実に物語っている。わが国の現状が到底そこまで行っていないことは、読者もご承知のことであろう。

上記の説明からも判っていただけるように、日本人の古来の知識・教養は、その殆どすべてが文学的・社会的な方向だけに著しく偏り、欧米社会のような理工学的な、また人文・社会研究の面でも実証に基づく教養の土壌は、江戸時代までのわが国には、ほとんどというよりまったく存在していなかった。そしてその結果がいまに尾を引いている。僕らの先祖をたどっても、そこにはG・ガリレイとか、I・ニュートンとか、A・L・ラヴォアジェのような、科学面で傑出した人材は一人も見当たらないのである。

ここでコメントしておきたいことは、各種の基礎的な体系的諸知識に関しては、世界中のどの国もが、こぞって自国民の子弟全体へ向けて、義務教育（compulsory education）の形でその無償提供に努めている事実である。無償で提供する根拠としては、これらの各種各方面の基本知識が、公民たる市民一人ひとりの社会共同生活上、必要不可欠な最低限の知識部分を提供し、それが社会ないし国家構成のソフト面での基本情報インフラを構成すると見なされるからである。テレビ番組などで、アジアやアフリカなどの貧しい国の子供たちが画面に映り、彼らがインタビューに答えて一様に「学校に通って勉強をしたい」と切実に訴えているのを目にすることがしばしばある。このように知識欲はすべての人間にとって本能的なものであるが、貧しい国や土地では、子供たちはみんな朝から晩まで労働仕事に駆り出され、ろくに小学校へも行かせて貰えないのである。わが国でも旧時代には、同じような現象が見られたことである。

全国民が、こうして初等・中等教育の場を通じて修得する諸知識の上階には、さらに高等教育とか、職業・専門教育などの名目で、人びとが修得する諸知識が位置している。ただこれらの上階教育を受けようとする者に対しては、初等・中等教育の場と違って、各国とも学習費用の負担を、応分な授業料とか講習費などの名目で、本人（あるいはその保護者）へ課すのが常である。このように有料・無料を区別する理由は、初等・中等知識の一様な供与が社会的投資として認められているのに対し、高等・専門知識の供与のほうは、個々人の自発的な自己投資の対象部分だと見なされるからであろう。

高度レベルの基礎知識の修得コストに当たる大学などの授業料の問題に、一言触れておく。明治創業期の官立大学である東京帝国大学の年間授業料は二五円で、私学の慶應が三〇円。この二校が際立って高く、早稲田や他の専門学校は二〇円以下であった。福沢諭吉は「学問教育は一種の商売品」と割り切っていたようである。富裕層相手の学府があってもよいではないかと彼は考えていたらしく、その伝統は今日にも及んでいるようだ。

現下のわが国の公私立大学の授業料が高いか安いかの議論はさておき、英米あたりの大学は、伝統ある優良私立大学と一般州立大学などとでは、授業料に大きな格差がある。それに較べわが国の大学では玉石ごとに殆ど学習コストに開きがないのは、寧ろどうかと思われる。卓越した大学は教師の俸給も当然高く、授業料も高くてよいはずである。文部科学省が私立大学などへ現にばら撒き的に支出している多額の補助金は、本来なら大学当局へ向けて直接に交付するのではなく、大学入学者本人に対し、一人ひとりに四年間を限って直接一律的に支出助成すべきもので、大学側は学生たちから、必要な授業コストに応じた授業料を徴収すべき性格のものであろう。授業料が高い（安い）かわりに学生向けサービスの良い（悪い）大学があってもそれぞれよい。文部科学省が大学へ直接に一括補助金を出す現在の方式は、文部科学省の役人たちの大学支配の手段になっているばかりでなく、憲法の精神にも本来反していると思うが、いかがなものであろうか。

Ⅱ章—4

成人にとって体系知修得とその機会

これまでの節で僕は、人がその生涯に必要とする各種の体系知の修得活動は、本人の幼年期から青年期までの連続した時間に、集中的に行われることを指摘してきた。これを裏返して言うと、人はこの連続した就学期間を終えて社会人になってしまうと、非体系的知識は、常に大量に身に浴びる状況下に置かれるにしても、何かまとまった体系知の類を新規に学修する機会は、ほとんどなくなってしまう。したがって大人になってから「あれも勉強しておきたかった」「これも学修しておくべきだった」と言っても遅いのである。実は、大人にでも勉強の時間は本人が作るつもりならあるのだが、学校時代のような先生はいないし、実習の場もないし、それに本人の頭が固くなってしまっているのである。いわゆる「後悔先に立たず」。

たしかに現代の大人にとっては、自ら進んで研究職とか教職とかの道を職業として選択するのでない限り、またサラリーマンの場合、会社から特別な仕事でも命ぜられたりするのでない限り、外部から強いられる形で新規に体系知の学修をしなければならないような状況に追い込まれることは、まず一般には起こり得ないと考えてよいであろう。

しかし、学ぶに値するような体系知そのものを学修する行為は、他から強制されていると否とを問わず、理性的な人間にとって、本来は楽しいことであるに違いない。会社の仕事とは別に、サラリーマンの身でも、自分の余暇時間を割いてでも、独学なり講習会に通うなりして、こつこつと勉強・学修を進めることは当然あってもおかしくない。

そのような自発的勉学に値する体系知の代表的なものは、何と言っても語学の分野と数学の分野であろうと思う。そしてこの二つの分野は、いずれも知識それ自体として奥が深く、幅が広いばかりか、俗世間のさまざまな仕事を遂行していくうえでも、活用分野が広く、（実務に役立てるつもりならば）大きく役に立たせうる知識分野である。成人して、どんな仕事に就くにしても、語学と数学とは役に立てるつもりならば必ず役に立つ体系知である。

ただ、大人になっても、何らかの体系知の学修一般に興味・関心をもつようになるには、青少年時代に学問とか自然科学とかの学修に積極的興味をもつ習慣が身に付いていることが大前提である。万人が成人して、自分の職業分野以外の体系知に興味をもつことは、世界を広く見る眼を養う観点からも、僕は大いに奨めたい。天体に興味をもつことで素人天文学者になったり、昆虫に関心を抱くことで素人生物学者になったりすることは、人生の幅を広げるうえからも良いことである。座って各種の本を読むことも決して悪いことではないが、休日などにフィールドに出て研究や観察をすることは、健康のためにも奨めたい。とくに自然科学の領域では、素人の天文学者でも新しい彗星を発見したり、素人の生物学者でも新種の植物を見出したりして、専門の学会に貢献することも、あながち不可能でもない。『昆虫記』で有名なH・ファーブルという人は、もともとアマチュア研究者だったのである。

ここで、自分の専攻学問とは直接関係のない外国語の学修を、本務の余暇を割いて、いわば趣味として実行してきた学者の一つの実例を次に紹介しておきたい。この人は、かつて僕が勤めていた大学の法学系の教授で、努力して一〇カ国語をほぼマスターしておられた。ご本人の説明によると、個人的生活時間を上手《うま》く遣り繰りして勉強すると、外国語の学修は他人が考えるほど難しいことではないという。

彼の説明では、人は誰でも一日の生活時間はほぼ平等に同じであって、その三分の一ずつがそれぞれ職務時間、睡眠などの時間、そして生活時間（食事・娯楽・スポーツ・休息時間など）である。この最後の生活時間である八時間のうち、試しに一時間だけを語学の学修に充てると、年間に三百時間、そしてそれを二五歳から六五歳まで四〇年間分を積み重ねると、優に一万時間以上が語学学修のために使える。普通の成人がまったく知らない新規の言語を、ほぼ完全にマスターするには二千時間くらいが必要だが、自分の専攻関係の文献を読めるようになるとか、旅行・取材先で現地語を使えるくらいになるだけならば、それほどの長い時間は要らないし、それに二カ国語目からあとは、（印欧語系の言語は互いに似ているから）学修目的にもよるが、修得するのにそれほどの長い時間は要らないという。彼に言わせると時間がないから新規知識を脳内に取り入れる暇がないというのは、言い訳だというわけである。

休暇が知的格差を生むか

大学教師とか研究者という職業の場合は、ちょっと特殊なケースだとも思うが、これからの国際化時代には、一般の企業人でも、多言語に明るい社員は、社内でもそれなりに重宝がられるに違いなく、そういった人材需要のある国際活動型の企業へ職場を開拓すれば、人はその面の知識を生かして生き甲斐ある人生を送ることができるに違いない。他人のやらないようなことをやるのは、大切な世間知恵の一つである。

ここで序《つい》でに、もう少し大学教師職のケースについて紹介させてもらうと、各国とも大学の学部のような職場の場合、サバティカル（sabbatical）休暇などの名目で、七年に一回くらいの周期で、その専属教員たちに対しては、一年間の長期休暇を与える制度が伝統的に設けられているのを常としている。この一年休暇の間は、大学教師たちは学生に対する授業や指導がすべて免除されるので、教師各人には大変嬉しいシステムであるが、この休暇の本来の意味は、休みの一年間を、日常ルーティンの仕事から彼らを解放し、休養や七年分の遅れた学術知識を充電させるところにある。学生ならぬ成人の教師といえども、日進月歩する学術分野の先端知の水準を取り戻すには、毎日、毎年、教育活動にかかりきっている時間からときどき離れる必要がある、というわけである。

近年は、わが国の多くの大学でも、ようやく列国並みにこのサバチの制度が取り入れられつつあるが、少なくとも僕が国立大学の専任教官を務めていた三〇年間には、そのような有難い制度は、残念なことに存在していなかった。こうして僕は八〇歳まで大学専任勤めを五〇年間やったが、現在の制度だったら（七年に一年として）少なくとも七回、サバチ休みを取れたはずであった。ということは、これまでの研究者人生のうち、合計七年間は、完全にタダ働きをさせられた勘定になる。そういった怨みつらみを、この機会にここで一筆書いておきたかった次第である。

なお、サバチの語源は、ユダヤ教のシャバット（sabbath）、つまり「安息日」に由来し、大学教師職の場合でなくても、キリスト教やイスラム社会では、「一週に一日、一年に一カ月、そして一〇年に一年」くらいは休息を取ることが、いわば人間として義務付けられているというわけである。僕の友人や後輩でも、欧米などの企業で就職すると、知的就業者を中心に、それなりの安息休暇を取る人が大勢いるようである。何でも欧米の真似をする日本にも、いずれはそういった社会がやってくることを期待したい。そうなるとサバティカル休暇時間を各人がどう活用するかで、各人の知的格差も大きく開くであろうと思われる。

ただ考えてみると、キリスト教、ユダヤ教のような一神教の社会とは相異なり、東洋の仏教などの社会では、「何日か労働したら一日の安息日を取る」などという思想はもともと存在しなかった。それよりも、人は労働などに身を削るよりも、むしろ瞑想に勤めることが大切。したがって「たくさん働いて、たくさん生産し、たくさん消費する」といった思想は、釈尊の訓えからは出なかったと考えられる。大量生産、大量消費ではなく、むしろ人間は「あまり働かず、そのかわりたくさんの物的資源の消費もしない」、つまり少量生産、少量消費の考え方が、仏教のような瞑想社会の根底にあったように考えられる。これはしかし、今日の資源愛護のエコロジー現代思想にむしろ通じる知恵の訓えであったと思う。「西洋流の知識重視、東洋流の知恵尊重」の考えを、事あるごとに僕は感ずる。

知識財投資の回収の巧拙

話を本筋に戻そう。既述のように、人が人生の長い時間を使い、多額のコストまで掛けて身に付けた知識財への投資を、彼の生涯期間内にどう巧みに回収するかは、当然のことながら各人にとって、次の大きな人生課題になることが理解される（なお、ここでコストとは、経済的に量りうるコストだけを単に指しているわけではない。以下同じ）。そしてこの回収の巧拙が、人生の成功、不成功を岐つ鍵であるが、どうすればその回収を賢明に成しうるかは、本人の知識処理能力、さらに知恵の有り無しに掛かっていると言える。本書の主テーマである知恵とは、取り込んださまざまな知識を巧みに選別して脳内へ収め、これを必要に応じて再編成し、必要とする時に取り出すことであり、それは個人の能力である。この問題についての立ち入った具体的論議は、後続の諸章で改めて考察することにして、ここでは問題点の指摘だけにとどめたいが、最後に二、三の具体例を挙げておくことにしよう。

僕の先輩、友人のなかには、太平洋戦争中、ソ連の捕虜になり、抑留されて帰国した者が何人もいる。彼らの大部分は、この辛苦の抑留期間を、人生のまったく無駄な時間だったとボヤくのを常とするのだが、なかには大変賢明にその抑留期間を過ごした者がいないではなかった。そのうちの一人であるK氏[*3]という人は、シベリア抑留の長い期間にマスターしたロシア語を、彼の専攻の研究活動に活用する人生行路を選んだ。彼は往時を回想して「自分にとってソ連生活は決して無駄な、無意味な人生時間ではなかった。むしろ、一種の官費留学の期間だった。今の自分の活動分野では、ロシア語をちゃんとやる人は少ないので、僕はその分、たいそう得をしている」と語っていた。

亡くなった東北大元教授のT氏もまた、ソ連抑留組だったが、そこで身に付けたロシア語文献をその研究に相当生かした。「なに、われわれの専門分野のロシア語は、そんなに難しくありませんよ」というのが彼の口癖であった。また同じ社会科学のO教授は、抑留時代に高木貞治の有名な大著『解析概論』を持ち歩いて、高等数学を独学でマスターし、それが帰国後の専門の仕事にとても役立ったと回想している。ソ連は共産圏だったので、思想や社会科学の読み物は厳重な読書制限を受けたが、純粋な数学の本は見逃してくれたので助かったのだと思い出を語ってくれた。その点でも、氏はなかなかの知恵人だったわけである。以上の諸例は、抑留期間中のロシア語知識への投資を、帰国後に巧みに回収する知恵をもっていた好事例である。

なお、言うまでもないことだが、人間の先天的・後天的資質とか能力とかは、もともと人ごとに多様であり同じではないから、青少年期に受けたどの教科・課目が成人後に有用に立ち働くかは、一概には言うことができない。多くの人の話を総合してみると、小学・中学時代に教えてくれた教師の教え方の巧拙が、本人が長じてからの進路とか好みとかに大きく影響しているようである。したがって問題は、むしろ各人のもつ資質を、周囲の人たち（ことに両親とか教師）が早く発見し、それを伸ばしてやることが肝要のように思われる。この点は、先立つ節でも述べたことである。

Ⅱ章—5

知的人間づくりの場は多様である

本章の締めくくりとして、個性豊かな知的人間の形成に関し、学校教育以外の場が果たすべき大きな役割について触れておきたい。

近代的な国家あるいは社会を構築し、かつそれを維持するためには、学校教育ことに義務教育のシステムが果たしてきた役割が大であることは言を俟たない。多数の子供たちを一堂に集めて行う集合教育の方式は、能率は確かによい。さらにまた、子供たちに社会性を植え付けるうえでも、それが大きな意味をもつことも確かである。ひとりわが国だけでなく、世界中のあらゆる国が、近代化のためにそのような方法を長年採用してきたことからも、そのことは理解できる。

しかし、すべての物事には必ず長所と短所があって、このような学校教育の短所面としては、子供たちを多人数まとめて教育の場に放り込むことから、どうしてもドングリの背較べのような、粒の揃った人間作りになりがちな点である。ことにわが国のような、何事も平等主義をよしとする社会の場合には、その傾向がとりわけ顕著に認められるのは当然の成り行きであろう。兵隊でも教育するのならそれもよいかもしれないが、多様性を重視しなくてはならないこれからの情報社会では、それでは困る。集合教育の一番の欠点は、全体まとめての集団の生産性を高めるには適していても、個性豊かな創造性に富む人材を育てるには決して適さないことである。

人を何か特定の鋳型にはめてしまわないためには、使う教科書なども、あまり内容が固定化しないほうがよさそうである。後の章で、旧制高等学校の良かった点として、国の指定した教科書がまったくなかったことを指摘したのも、その意味からである。[*4]

現在のような文部科学省検定の教科書を使うと、生徒に特定の知識とか価値観とかを強制的に教え込むことになる惧れが大きい。

学校教育と国々

現在の東欧のハンガリーあたりでは、初等、中等の学校がどんな教科書を使い、どんな教え方をしているかつまびらかでないが、かなり自由な教育が行われているらしく、英才教育なども自由で、一つの小学校から三人のノーベル化学賞受賞者を輩出したところがあると聞く。とにかく型にはまらない人材育成をしていることは想像に難くない。二〇世紀最高の頭脳の持ち主だったと言われるJ・v・ノイマンを生んだのはハンガリーの教育風土であったが、ひとりハンガリーだけでなく、隣接するオーストリアとかポーランドとかの東欧中央地域は、いずれも二〇世紀初頭頃から世界的レベルの個性豊かな文化人や科学者を数多く生み出してきた。だが、そういう個性的人材たちは、両世界大戦で米国へ逃げ出してしまい、第二次大戦後はそのような風土はむしろ米国へ移ってしまった。

ノイマンのほかにも、K・ゲーデルとか、A・アインシュタイン、キュリー夫人（マリ・キュリー）、S・フロイトのような傑出した人たちの青少年時代の経歴をたどってみると、ほとんどみな、学校教育は「飛び級」「飛び校」のコースを歩んでいたことが判る。ギムナジウム（九年生の中等教育機関で、大学準備教育を目的とする）などの過程を飛び越えるようにして大学、大学院へ進んだような人たちばかりである。ノイマン自身も語学などは、英、独、仏のほか、ギリシャ語、ラテン語なども家庭教育で身に付けて、一七歳で大学卒の資格を得ている。わが国でも、義務教育段階で「飛び級」の制度があることはあるらしいが、積極的には活用されていないようである。全体の秩序を乱すからということであろうか。

米国の場合であるが、Ⅳ章で詳しく述べることになる発明王のTh・エジソンは、子供のとき小学校へ行かせてもらえず、もっぱら母親から受けた家庭教育で育ったという。ひとつには難聴で、学校の授業には付いていけなかったこともあったらしい。学校教育などは一切受けずとも――あるいは一切受けなかったからこそ、と言うべきかもしれない――家庭教育と自己研鑽だけで、二〇世紀随一の知恵人間が誕生した好例である。

学校教育は集合教育であるから、どうしても理解力の弱いグループの生徒のペースに合わせた進度でカリキュラムを組まざるを得ない。しかし、一人ひとりの生徒の特性を見ていると、国語力には優れていても算数力には弱い者もおり、逆に国語力は劣るが算数力には長じている者もいる。これらをすべて同一のグループに入れて、落ちこぼれないように教育するとなると、どうしても全科目で最底辺の生徒を想定し、それに合わせた学修計画作りをしなくてはならなくなる。ひと頃実施されていた「ゆとり教育」は、このような理念に基づいて作成された教育のやり方であったと考えられる。現在は多少揺り戻されたようである。

僕自身が尋常小学校以来受けた教育は、大正デモクラシー時代に編成されたそれであって、「ゆとり教育」とは逆に、あらゆる科目が、むしろトップクラスの学童の能力レベルに合わせて学修計画が組まれるているふしがあった。わが国が明治の開国以降において、（当時の東南アジアやアフリカの諸民族と違って）工業国家として大きく急成長したのは、このような草の根教育のインフラストラクチャーが民衆の間に存在していたためであるように思われる。

少し脱線的な話を挿むが、太平洋戦争の敗戦直後に、当時の占領軍当局は、日本人の教育水準を低く見て、それを上げるには漢字のような面倒な文字を使わせていては駄目だから、ローマ字を普及させてやろうと（善意で）考えた。そのための基礎データを集めるべく、敗戦直後の一九四八年に、全国的な大規模「日本人読み書き能力（literacy）調査」を実施したところ、その結果を見て日本人全体の教育水準が彼らの想像以上に高いことに驚き、ローマ字国字化計画を早々に取り下げたというエピソードもある。

当時の日本人の文化水準が格段に高かったことは、当時の日本人が自力で「零戦」のような優れた戦闘機や、超戦艦「大和」のような、少なくとも質的には米英に劣らない兵器を作り得ていたことから、彼らにも判っていたはずであるが、占領軍当局はそのことにまでは考えが及ばなかったのである。当時、僕は大学院生で統計学の勉強をしていたのであるが、一国の国字をどうするかのような重要な問題を、大規模な統計的実態調査で客観的に決定しようと企て、その結果には当局も素直に従うというのを見て、米国という社会が、世論調査で動くまことに民主的かつ実証的な精神をもった国であることに、たいそう感服したのであった。統計学を専攻してよかったと、心から満足感を味わったものである。

知的人間を作るうえで、学校教育のような集合方式の教育が果たしうる役割と、果たしえない役割を述べるつもりで記述がやや脱線したが、この話題の続きは、続くⅢ章のなかでもう一度触れることとし、最後に、集合的な学校教育では果たしえない知的教育面に関して、家庭教育とその果たす役割、あり方について述べておきたい。

●──家庭教育の役割

家庭教育の特徴は、親がわが子の知的、情操的な教育面で、子供の資質や特徴をつかみ、思い切りそれを伸ばしてやることができる点である。昔から言う「子を見ること親に如かず」である。

かつて僕は、ドイツで或る研究者の家庭をたまたま訪問したことがあるが、その家庭はまさに知的家庭を絵に描いたような雰囲気をもっていたので、今でもよく印象に残っている。訪れて通されたのは、その家の小さい庭に面した居間というか、客間であったが、ソファとか座椅子が置かれている空間の周りの壁面いっぱいの書棚には、古典や文学書、百科事典、地図帳とか年鑑類などがぎっしりと納まり、さらに音楽好きのドイツ人の棲いらしくピアノなども置かれ、庭のテラスにはスポーツ用具があって、ジムのようになっていた。一家の主人である友人は、その居間で子女に対し、何か知的な話題を出させて議論し、さらに書棚から何冊かの辞書類を取り出し、それらを引き較べて話の輪を広げるのであった。日本の多くの家庭のように、親が週刊誌にしか目を通さない、またテレビの娯楽番組しか視ない家庭では、知的な子女は育ちようがないのである。

なお小学生時代には、子供は（彼らの生活からは遠い）歴史的あるいは社会的な話題などよりも、動物とか昆虫とか、宇宙や星のような身の回りの自然現象への知的関心が強く、それに向き合う大人の親のほうは逆に、その種の話題にはむしろ苦労する。しかし子供が子供なりの知的興味ある話題を出したら、大人はそれに乗ってやる必要がある。しばしば本書で引用する物理学者の寺田寅彦は、子供たちを連れてその晩年、軽井沢へ避暑するのを常としたため、子供が「ここにはスズメがいないね」と言うと、寅彦はすぐそれに応じて「そうだね、どうしてだろう」と子供と一緒になって考えた。親のこういう姿勢が子供の家庭教育には必要なのである。

家庭教育の一つの大きな役割には、学校やその他の場で学んだ各方面の知識を統合的に繋ぎ合わせて、実社会や身近な自然の諸現象を多角的に捉える訓練を施すことができるところにあると考えられる。

以上、この章では、体系知とその修得問題について考察した。非体系知のそれらについても述べるべきと思えるが、それについては本書後半の応用諸編に譲ることにする。

＊1　天才児と言われる幼児の場合だと、学齢に達しなくても高等数学は理解しうるようである。有名なパスカルがそうであったらしい。過日の新聞記事では、七歳の小学生、高橋洋翔君が高校三年水準の（数Ⅲや複素数などの分野を含む）数学テストに合格し、それまでの最年少の一二歳の少年のもつ記録を大きく塗り変えたことが報ぜられていた。

＊2　江戸期の教育実態についての詳細については、好著、R・P・ドーア『江戸時代の教育』（岩波書店、一九七〇年）がある。ドーアは英国人であるが、日本学士会員。日本各地を巡歴して、上記の書物のほかにも『都市の日本人』『新しい文明病』などのユニークで多彩な著作を世に送り出した。彼の研究成果の特色は、学術的な作品でありながら、体系的なアプローチよりも現地採訪、現場取材型の研究姿勢を貫いている点である。

＊3　校正の時点での加筆であるが、本文に挙げたK氏、すなわち加藤九祚氏は二〇一六年九月に九四歳でこの世を去られたが、氏はこの高年齢までウズベキスタンの現地を毎年訪れ、遺跡の発掘に立ち会われ、現地で病没された。まことに篤学の士であったと言える。躰の悪い僕は到底及ばない。

＊4　新制高校と旧制高校との教学上の本質的な相違点は、旧制の場合は、学生の自治寮などだけでなく、あらゆる点で学問・教育の自治自由が認められていた点である。新制のように、文部科学省が教科書を検定することはしていなかった。その意味では、旧制高校はむしろ今の大学に近かったのである。

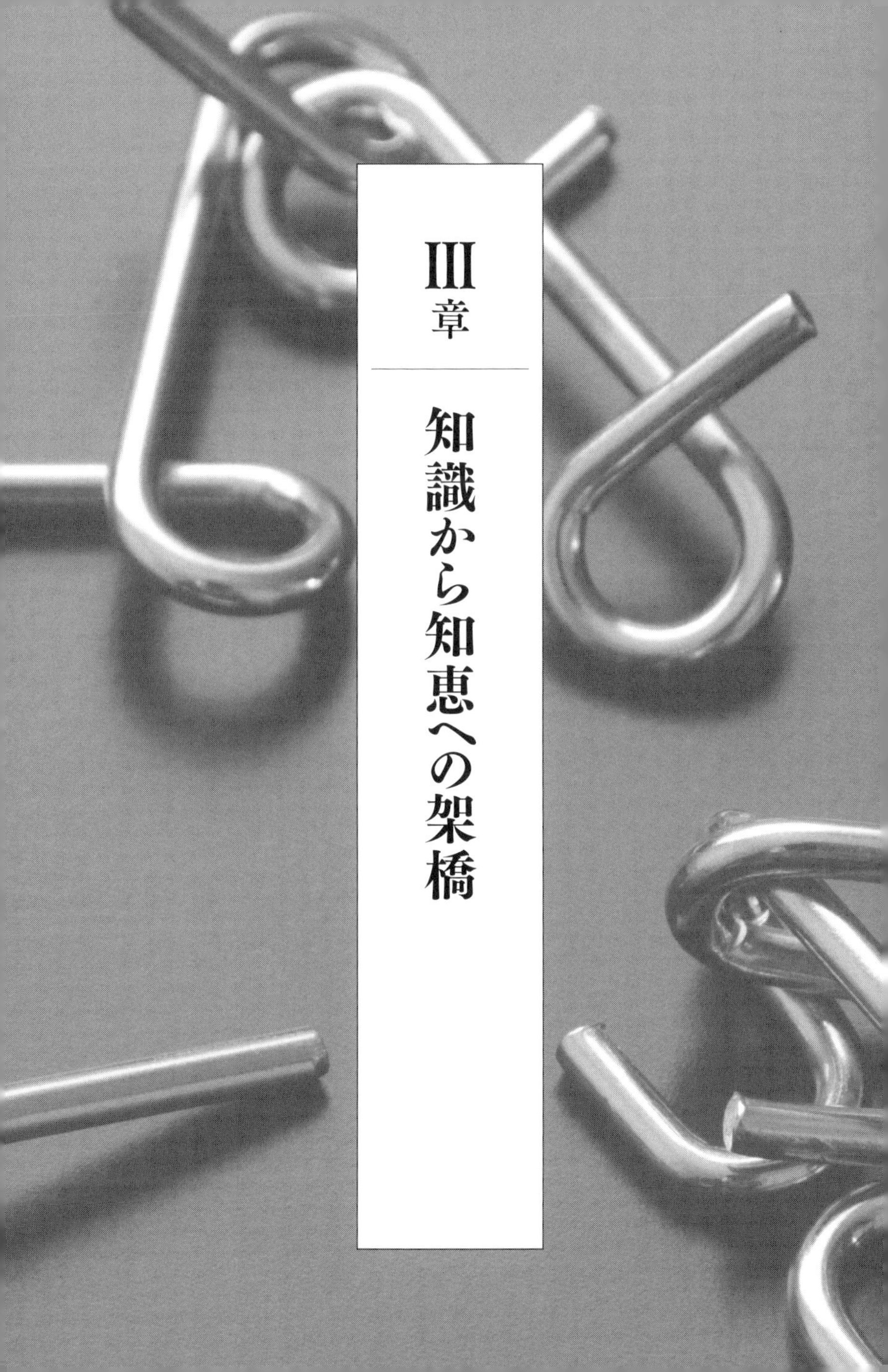

III章 知識から知恵への架橋

器用、不器用のことは、この本の本文中では殆ど触れなかった。しかし人間の知恵には、かなり深い関係がありそうだ。器用とは、簡単なもの、単純なものを、巧みに使いこなすスキルのことをいう。

日本の道具には、使うに器用さが求められるものが少なくない。手近な一例は「箸」であろう。木か竹の細い簡単な食事道具である。西洋人は何と重い金属製のナイフ、フォークと、さらにスプーンまで使わないと食事ができない。

もう一例は和船で使う「艪」、太い木の幹を旨く削って作る。宮崎産の樫がいいらしい。艪で漕ぐには余り力は要らないがエネルギーを使わず漕ぐには熟達が要るようだ。西洋船は左右二本のオールで漕ぐ。ナイフ・フォーク並みに器用さは求められない。

III章—1

知恵は、知性と感性との共同作業から

先立つ章では、知識のさまざまな種類や様態、さらにそれらの摂取について、いろいろな角度から考察した。この章では、そのあとを受け、人が学校や家庭そのほかの場で学び、身に付ける各種知識の集合を土台に、それらを各人のさまざまな知恵発揮作業へと繋げてゆくに当たっての問題点について、考察を巡らせてみたい。言うなれば知識をば、本書の主題である知恵へと架橋するうえで役立つと思われる話題を扱う。

学校という場は、人、とりわけ青少年たちにさまざまな知識を幅広く伝授してはくれるが、それらを人生の具体的な側面でどう適用ないし応用すべきかについては、殆どあるいはまったく指導してくれない。ということは、それらの仕事は学校で教育を受けた本人のセンス（sense）とか才覚（talent）とかに、すべて任されているのである。

学校が教えてくれることといえば、特定の科目それぞれの、立ち入った具体的な内容と、それの直接的な応用（狭い意味での「応用問題」）の範囲である。進学先の入試の各科目テストでも、下級学校で勉強した範囲の枠内を越えて出題されることは決してない。僕に言わせれば、地理と歴史、英語と生物などの異科目間に股がるような、複合出題などがあってもよさそうなものだが、それもない。

しかし、人が実社会へ出てさまざまな具体的問題に直面し、本人なりの対応をすることが求められる状況局面では、受験科目の狭い枠を越えた複合知識や、非体系的な各種の情報をさまざまに組み合わせるなど、彼自身の知恵や工夫を発揮して事に当たることが常に求められる。そこで試されるものは、いわゆる常識を含む各種知識の総合力であり、さらに知性の力だけでなく、他者との交渉力などをも併せて求められる。学校時代に首席の人が、実社会でもトップの位置に躍り出るとは必ずしも限らないのは、読者自身の周囲を眺めてご覧になればお判りいただけることと思う。とりわけ、人の世渡りの知恵のようなものは、少なくとも知力、つまり知覚系の範囲の能力だけではなく、他のさまざまな面の能力、ことに感覚面での能力、センス（sense）とか、感性の力とかのようなものが併せ求められることになる。

知感覚、知感性

人間の統率力とか、他者との交渉力とか、周囲との融和力などの力のことは、ここでは暫くおき、知の側面に限って考えたい。先回りして結論らしいことを言うと、人の知恵は少なくとも知覚（知性の働き）と感覚（感性の働き）との微妙な総合力のようなものとして捉えられるように思う。「考える力」と「感じる力」との合成力と言い換えてもよい。起しの章でも述べたように、知恵の定説的な学問上の定義はどこにもないが、今ここで僕なりの独断的な考えで知恵を定義させてもらうならば、知恵（wisdom）とは、

知性（intellect）に関係する知覚（perception）*1

と、

感性（sensibility）に関係する感覚（sensation）

とが、有機的に合成あるいは結合され、そこから生まれ出る一種の精神的所産だと考えてよいのではないかと思う。知恵という熟語には知の字しか付いていないので、知性面だけに関係があると、人はとかく考えてしまいがちだが、実は知性面の働きだけではなく、感性面の働きのようなものがそこに加わることで知と感が有機的に結合し、頭脳だけでなく、躰の全体から外へ向けてアウトプットされるエネルギーのようなもの——それが知恵の本体だと考えるのが妥当だと僕は思う。

そこで、このように知覚と感覚とが一緒になったものを、本書では以下、仮に**知感覚**とか**知感性**という合成語で呼んでおくことにしたいと思う。僕が勝手にこしらえた合成語であるから、これに対応する英語などはない。知覚に較べると感覚のほうが、ヒトを含む生物一般にとって古層的な「覚」だと考えられる。〝卓抜な知恵〟などという表現が使われることがあるが、それは人が知性と

感性とを総合的、一体的、有機的に組み合わせ働かせることにより、つまり知感覚を研ぎ澄ませることで創り出した産物のことを指す、と言ってよいのではないかと思う。

世上では普通、学問（つまり科学）と芸術との両産出物は、人間の別個な知的創造活動の産物と考えられているようだが、卓越した科学的成果のごときものは、芸術的に見てもまた美しいものである。数学とか技術とかの優れた成果事例を想起してみれば、そのことはよく理解できると思う。

僕が知覚と感覚の両者の境界を分かち難いと考えることについては、実際に心理学派のうちにも、「感覚は、ごく単純な〝感性的な知覚〟だ」と説明する人もいるようだ。しかし世の多数派の心理学者たちは、人間の知覚と感覚とは、互いに別個な器官が司る、互いに別個な概念だというふうに説明するのを常としているようである。具体的な視覚の場合で説明すると、外部からの色とか形とかの刺激は、まずこの感覚器官である眼の水晶体がこれを受容し、その刺激が大脳皮質のうちの視覚中枢へ送られ、そこで情報処理されて、意味をもった知覚が生ずることになるとされる。この場合、眼球が感覚器官で、脳の前頭葉の一部が知覚器官だと考えるならば、確かに両者は別物だと説明されなくもない。

学説史を顧みると、知覚とか感覚とかの概念は、歴史的にはまず哲学者たちの世界で議論がなされてきた。古代ギリシャ時代の哲学者アリストテレスは、人が外界のさまざまな刺激から受ける感覚として、視覚、聴覚、嗅覚、味覚、触覚の五つを挙げている。この五感と称されるもののうちで、僕の言う知感覚を、知覚と感覚とのようにはっきりと両分しやすいものは、既述の視覚の場合であろう。自らを高等動物と呼ぶ人間の場合は、知覚器官としての大脳などの容積が、個体の体重に比して非常に大きく発達しているため、これを感覚器官である眼球から分けて考えてもよいことは確かだ。しかし、脳のような知覚中枢がそれほどには発達していない数多くの動物の場合、感覚器官と知覚の装置とは、そもそも分化してはおらず、感覚器官がそのまま知覚のそれとして働いているのではないかと思われるふしがある。

五感と知感覚

人間中心の、五感と称する感覚の古典的分類が厳密なものではないということは、専門家の間でもつとに指摘されている。すでに一九世紀の前半、Ｃｈ・ベルは、人間に五感以外の感覚ないし知覚があることに言及している。その具体例としては、ある種の人たちが明らかにもっているらしい「方向感覚」とか「探索能力」などがある。また運動能力とか「平衡感覚」などと呼ばれるものも、人間の知感覚のうちに加えることもできるであろう。

なお人間以外の動物のうちには、人間のもっている五感のいずれかを欠いているものがいるし、逆に人間の持っていない（あるいは人間が既に失ってしまったと思われる）原始感覚らしきものを、持っているものもいる。前者の例で言えば、ミミズとかヒルとか回虫とかは視覚器官をまったく持っていないし、後者の例ではコウモリが超音波を感知するといった例がある。視覚に関しても、人間の見ることのできない赤外線などを感知できる昆虫もいる。動物ならぬ植物のうちにも、光や熱だけでなく、音や音楽に反応するものがあるらしく、とにかく生物一般の知覚、感覚全体の仕組みは謎だらけのようである。

現代の科学文明下に育った人間たちは、そういった原始的な知感覚類の多くを既に殆ど喪失してしまっているが、昔日の人間は、天変地異とか気象の変化とかを予知するとか、微妙な味覚とか嗅覚とかを識別する（ある種の動物がもっているような）感覚とかを、いろいろもっていたふしがなくもない。「虫の知らせ」とか「神さまのお告げ」とか言われるものは、決して出鱈目なものばかりでもなかったように考えられる。

人の五感と言われるもののうち、知覚を感覚から分けて考えることのできる最も容易なものは、先述したように視覚であろうが、これに対し、五感のうちでもいちばん原始的な感覚とも言える嗅覚は、知覚を感覚から分かち難いものであろうと思う。脳科学者の研究によると、人の五感のうち、視覚野などのような新しく発達したものは、脳の表面の大脳皮質部分に集中しているのに対し、匂いを感知する嗅神経のようなものは、脳の古層である深部の海馬のようなところに存在している。人の知覚の記憶などは、まず海馬に収まるとしても、しばらくすると前頭葉へと移っていく。「嗅ぎ分ける」場合のような嗅覚は、他の外界刺激と違って、いきなり古い脳部分へ直接収まり、そこで匂いの記憶として定着するらしい。

僕らは、眼で見たものの記憶は比較的早く忘れてしまいがちだが、子供の頃に鼻で嗅いだもの（たとえば銃器庫の臭い）の記憶はいつまでも消えずに残っていることを体験で知っている。それは動物一般の知覚が、たぶん視覚よりも嗅覚のほうが原始的で古いものであることによると思われる。この嗅覚のような原始知感覚を考察するには、心理学よりも生理学の手法が必要だと思うが、いかがなものであろうか。

なお、嗅覚とか味覚のような知感覚は、視覚や聴覚または触覚のような物理的な刺激によって起こるのではなく、化学的な刺激を受けることで生じる。つまり、さまざまな化学物質の分子が、鼻の粘膜のなかにある嗅覚細胞とか、舌の表面の味覚受容体である味蕾とかに触れることで生じるのである。とくに、嗅覚は味覚よりも桁外れに敏感であるらしい。なお、これらの知感覚には性差や個人差があり、さらに同一人でも、いろいろな内的・外的な条件によってその幅は大きく変動する。また加齢によって減衰する。この点は、視覚も聴覚も同じである。なお人のすべての知感覚は、いずれも、しかるべき訓練によって感度を高めることは可能である。

感覚一般の学理上の位置付けについての説明は、科学や哲学の流派ごとに異なり、観念的なドイツ学派などは、人間の形而下的な体験のような俗的なものにはあまり重きを置こうとはせず、したがって感覚論議にはほとんど関心を寄せなかった。これに対し、経験論的なイギリス哲学派の人たちは、逆に感覚こそが人のあらゆる認識の源泉であると見なし、伝統的な感覚についての議論考察を重視する立場を採ってきた。ただ、今日の僕らの見るところでは、人の形而下的な諸々の知感覚的な受容と、形而上的な思考とが互いに交叉することで生じる知的活動のなかにこそ、じつは人間の認識とか行動とかの豊かな基盤が見出されるように思われる。

Ⅲ章—2

知恵の源泉としての諸知識

この節では、人がこれまでに彼の体内に摂取したさまざまな知識を、どれくらい巧みに活用しているか（あるいは、いないか）、また、とりわけそれを彼の知恵出し活動にどれくらいうまく繋げているか（あるいは、いないか）、といった問題をめぐって考察してみたい。

昔から「宝の持ち腐れ」という言葉があるけれども、せっかく人が多くの時間、費用をかけて摂取し、かつ体内に蓄積したあまたの知識群を、日々の生活のなかで上手に使い熟《こな》していなければ、甚だ意味がない。この問題をめぐって、本節では知識の記憶（memorize）と忘却（forget）という視点で考察してみたい。記憶とか忘却とかの心理現象については、すでに過去において心理学者たちが、さまざまな角度で研究成果を残している。[*2]

人がその半生涯のあいだに取り込んだ各種各様な知識の総量は極めて膨大であり、かつその質もまた多岐にわたっている。[*3] しかし一人の人間の頭脳の記憶容量は無限ではなく、限度というものがあるようだから、人は彼が取り込んだ知識を必ずや適当に取捨選択して、そのうち後々重要と思うものや、受けた印象が強いものは、これを記憶にとどめ、そうでないものは忘却・処分するようにしているはずである。ただ人は、他の動物に較べいろいろと利口であるから、あとで必要だと思う大事な知識・情報でも、自分の頭に入り切らない場合には、これをノートや手帖などの紙の上とか、昨今なら電子メモリーとかの形で記録に残す方法を案出してきた。

記録に残す術

その大前提には、文字の発明が必要であった。紙が発明される以前にも、人は石に文字や記号を彫るとか、結縄《けつじょう》のような手段で記憶を残すなどいろいろ工夫している。また民族によっては、仲間のうちに記憶専門職のような人物を置いたりもした。紙のない古代、天武朝の時代に『古事記』の全文を暗唱していたのは二八歳の稗田阿礼《ひえだのあれ》であった（阿礼が男であったか女であったかは定かでない）。

ただ、知識・情報を生身の人の頭や体内に保存しておくのと、何か外部の諸手段にその保管を委ねるのとでは、当然ながら一長一短がある。せっかく記憶しておいた情報内容を忘却してしまうこともあるし、外部の手段、例えば文書の形にしたものでも、火災とか盗難などで、保管情報を亡失してしまうこともある。現に大化の政変で蘇我氏滅亡の際の兵火では、重要な国家記録の『天皇記』『国記』のような貴重な記録が失われてしまったらしい。僕個人の経験でも、空襲で二〇歳までの日記類をすべて焼いてしまった。

また昨今のように情報化が進んだ結果、囲っておいた情報内容が他者に漏洩したり、他者の手で内容が書き換えられたりする惧れが出てきたりもする。

さらに記憶に関して言えば、人はしばしば思い違いがあり、情報を誤って残すことになってしまう惧れも大きい。ましてや一度垣間見た程度の事象が、正確に頭に入っているかどうかなどは、まことに疑わしい。日常、見慣れているものの記憶なども、実はまことにあやふやなもので、僕はその卑近な一例として、次のようなテストを出してみることがある。

「JRには、オチャノミズという名の駅があるが、この正しい表示は〝御茶ノ水〟か〝お茶の水〟か、それとも？」「では、地下鉄の同駅名では？」

ほとんどの人が記憶は不確かで、自信を持って即答できる人はごく少ない。毎日、通勤で見ている文字でさえ、そうなのである。

では、どのような事象や事件が、人間の頭には記憶として後々まで残るであろうか。それは一口に言ってしまえば、人が何かある事柄について、激しく心を動かされるような状況に直面した場合である。それは生活上の思いがけない体験であるかもしれないし、学術研究上などの発見が、突然頭に閃めいたような瞬間的体験であってもよい。ことに地震とか空襲とかがあった日の体験などは、それらを経験した人ならば、生涯忘れることはないであろうと思う。

心掛けよく日記などを毎日点《つ》けている人ならば、それらの体験内容をかなりよく記録にとどめるであろうが、普段日記などを書いてはいない人でも、何らかの衝撃的体験を受けたら、ぜひともその場でメモを書き残しておくことを強く奨めたい。長い文章でなくても、読み返したときに自分だけが判る表現とか、符牒でもよい。僕の場合は、平素から小型判の厚い手帖に、何か思い付くことがあれば必ず、「一ページに一件」のスペースで記し残す習慣を長年続けてきた。さらに大切なことは、この種の覚えメモ手帖は、ただ書きっぱなしにしておくのではなく、後日ときどき反芻的に読み直したり、必要に応じて書き加えたりするように努めることである。僕の書棚には、この覚えメモ手帖が二〇冊ほど並んでいる。一年に一冊弱として、少なくとも二〇年間書きためたものである。たまたま小旅行に出たりするときには、僕はこのメモ手帖を任意に二、三冊書棚から抽き出して、車中などで読み返すことにしている。その時々の印象とかアイデアなどが記されていて、再読、三読しても飽きることがない。

強く関心を持つよう努める

記憶と忘却のことに話を戻そう。僕らは中学生時代、期末テストの前になると、数学や化学の公式、文法の変化表などを暗記するのに苦労をした覚えがある。うまい暗記法があれば飛び付きたいところであった。世間には暗記術とか記憶術とかいうものがあるようで、僕が中学生の頃「記憶術の名人」と称する人が学校にやってきて、実演を交えて暗記の秘伝なるものを、いろいろ講演してくれた記憶がある。

この名人によると、人はどのような知識や情報を後々まで記憶しているかというと、第一には、珍しい知体験とか、ショックを受けた体験とかが考えられることは既述した。この名人の講演の内容を、僕がいまだによく覚えているのは、それがいつも学校の授業などで聴き慣れている月並みの話題とはまったく異なった、珍しい話の内容だったことによると思われる。つまり話の内容が、受験期の中学生にはまことに新鮮だった。その講師は、聴衆である生徒の一人に三〇桁ほどのランダムな数字を黒板に書かせ、それをその場ですらすらと暗唱してみせた。何でもその種明かしは、心理学用語で言う知覚の基礎表章をベースにして、それに複合表章（この例では黒板上の数字列）を結び付ける、というのであった。ただし、人間の頭は抽象的なものは暗記し難いから、数字の２９は〝肉〟と覚え、３１は〝サイ（つまりサイコロ）〟を頭に描いて覚える記憶方法を、講師は説明してくれた。〝２９３１〟だったら、「肉がサイコロの上に載っている具象的な光景」を連想せよというわけである。抽象的なものより具象的なもののほうが、人は記憶しやすく、かつ忘れにくい。講師の名人は、その他にもいくつかの別途な暗記法ないし記憶術を披露してくれて、僕は老年になった現在でも、その講師のその日の話の内容をちゃんと覚えているから不思議なものである。

ともあれ人が記憶に残しているものは、彼ないし彼女が、強く関心を持った現象についての知識である。誰でも関心があるものはよく覚え、関心のないものはいくら大切なものでもまったく頭に残らないものである。されば、人がある知識を脳裡へ記憶しようと思ったら、とにかくまずそれへの関心をもつよう努めることが先決であり、前提である。試験勉強でも関心をもって記憶した知識は忘却することが少なく、嫌々暗記したものは、試験が終わったらすぐ忘れてしまう。

以上をまとめて言えば、人がある問題について知恵を増やしたければ、第一にはそれについてまず感動すること、第二にはそれへの関心を持続的に抱き続け、それとの関係知識を増やすように努めることが肝要である。なお、研究活動などの場合、知識の記憶（つまり脳への貯蔵）ならびにその取り出し方が上手なのは、椅子に座って文献に親しむ勉強型の人たちよりも、フィールド型で身に付けて覚える勉強をしてきた人たちであろう。

知識というものは、頭のなかに仕舞い込んでいる知識でも、それを常に使うように努め、ブラッシュ・アップしておかないと、いざというとき頭からすぐには出てこないものである。狭い家のなかでも、消火器の在所《ありか》を忘れてしまって、本当に必要なときに右往左往するのはその好例である。知識とか技能とかを忘れないためには、このように絶えざる復習（思い出し）が大切で、音楽とか数学とかは、ちょっとお留守にしていると忘れてしまうことはすでに述べた。水泳とか自転車乗りのように、頭だけでなく躰の記憶として覚え込んでおいたものは忘れ難いようである。「懲りる」ということも、その意味から人にとっては貴重な体験である。

各種の辞書類を引きこなす

本節からは、知識を知恵に繋げるための技術的な諸問題を取り扱う。

人の知恵のもとになる知識のうちで、いちばん幹となるものは、文字、文章のような記号を介して人の脳裡へ受容されるそれであろう。人間の文明が今日あるのは、彼らが文字という記号（とくに発音記号）を発明したことにあった。なお、文字のような発音記号だけでなく、図形、画像のようなアナログ標章類も、知恵の源泉としては無視できない。また視覚を経由する信号だけではなく、聴覚、嗅覚、触覚のように、人がその身体全体で受け止める信号類もまた、人の知識の供給源の大きな部分を占めており、知恵の有力な貯倉庫ともなっている。このことは本章の冒頭でも述べた。

まず、この節では、**語彙**（vocabulary）の源ないし拠り所である**辞書**（dictionary）と、それの活用について考える。辞書には、文字や熟語の意味や用法などを調べるために狭い意味での辞書つまり字引と、何かの事柄についての解説や説明を目的にした事典（encyclopedia）つまり百科事典とがある。ここでは、主として前者について次に説明を加える。

読者は、義務教育時代から、辞典類については、国語辞典だけでなく漢和、英和、和英など、さまざまな目的に応じた辞典のお世話になってきたはずである。ただ大概の人は、学校教育を終えた途端に、辞典類を机の上から片付けてしまっているのではないかと思う。分厚くて重量感のある紙の字引よりも、手軽で便利な電子辞書とかパソコンなどがあれば、確かに日常生活上は充分間に合う。実際、社会人の多くは、字引とは「知らない文字や熟語を引くもの」とだけ単純に考えているようだ。しかしこれは大変に間違った考えである。

人は、どんなに賢くなっても、また賢くなればなるほど、各種の辞書を座右から手放せなくなると自覚すべきである。辞書こそは、学生や生徒にとってだけでなく、大人にとっても必要不可欠な知の源泉である。厚い辞書類は、ただ机の上や書棚の飾り物ではなく、日常的に「使いこなす」「引きこなす」ことが大切で、大型の辞書類を日常正しくちゃんと引けるようになったら、一人前の教養人と呼んでよいのではないかと僕は思う。したがって各種辞書類の日常的な正しい（あるいは賢い）活用の仕方などを、具体的に教えてくれる本があってもよさそうに思うが、どういうわけか見当たらない。[*4]

各辞書の特徴を知る

誰もが使う英和辞書を例に引いて述べよう。この種の辞書には、初等的なものから高等的、専門的なものまで、さまざまなレベル、用途のものがある。さらに、机の上に広げて使う値段の高い大判のものから、廉価で携帯にも便利なものまである。また、収録語彙の多さを特色としたもの、語の活用法に重点を置いたもの等々、用途もさまざまだ。大学の語学の時間では、恐らくどの教師も言うであろうとは思うが、人が語学に生涯親しみ、上達を望むならば、ポケットに入るような安直、小型のものではなく、できるだけ大型のものを日常座右の卓上に置いて愛用することが肝要である。というのは、語学習得のためには、ただある単語や熟語一つひとつの独立した意味を知るだけでなく、その単語の語源とか、その単語が文脈のなかでどのように使われているのかとか、またその単語が類語とどう違うのかなどを、併せ心得ておくことがぜひとも必要だからである。例えば英語なら、powerとforce、badとevil、imperfectとincompleteなどは互いに類語だが、意味はそれぞれ違う。B・ラッセル卿の評論などを読むと、短いセンテンスのなかで、これらの類語が実に注意深く使い分けられていることがよく判る。反復して読むと、まことに明晰で端正な文章である。こういった名文集を精読する習慣をつけていると、自分もだんだんそういう文章が書けるようになる。このことは英語文でも日本語文でも同じである。僕はかつて東大の大学院入試の英文和訳で、ラッセルの短い文章を出したところ、類語のニュアンスの違いに注意して訳文を書いた受験生はごく少なかった記憶がある。

研究社の『新英和辞典』を引くと、主な単語については、その語がどの時代から、どんな意味で、英単語として使われるようになったかが必ず明記されている。例えば、industryを引くと、この語は一五世紀末頃から、「勤勉」の意で英語に登場し、それが時代が下って今日のように「産業」の意味にも使われるようになったことが判る。ある語の語源を覚えていると、似たようなシラブル（音節）の語が出てきたときなど、横の類推がすぐ利く。印欧語、ラテン語などには、同じ原語から派生した言葉が非常に多い。

翻って今日、僕らが日常愛用している『広辞苑』級の日本語辞典類は、そういった言語生成的な説明をまったく欠いている。諸橋轍次の『大漢和辞典』は、中国で海賊版が出ているくらい他に類書のない漢文辞書ではあるが、これさえも残念ながら単語・熟語誕生の時代的背景についての説明は皆無で、もし人が正統な漢文調の文章を書こうとすれば、四五万の語彙をもつ中国・清代の『佩《はい》文韻府《ぶんいんぷ》』あたりに頼るしかあるまい。明治、大正時代の日本の教養人たちの文章は、極めて筋目の正しい漢文調の文語文で書かれていたようだから、けだし彼らの語学的教養水準はまことに高かったことがうかがえる。

僕の所感では、日本語の乱れの責任の幾分かは、辞書編者のそれに帰せられるところも大であったような気がする。思えば、大槻文彦の個人的業績とも言える『大言海』あたりまでが、正統な日本語を護ってきた最後の字引であった。この辞書は、大槻の癖の強さがよく問題にされるが、僕に言わせれば、それは良い意味での個性である。この辞書と小学館の『日本国語大辞典』とは、今日でも僕らが個人の書架に常備して、日本語をブラッシュ・アップするのには不可欠なものだと信ずる。

大東亜戦争の開戦の詔勅は、当時漢籍にも長じていた高名な人物の筆に成ったものと言われているが、その詔勅の文章には、当時の中学生だった僕が一読して明らかに判るような、初歩的な文法上の誤りが認められた。畏れ多い詔勅ゆえ、当時だれもがその誤謬を指摘しなかったようだが、時代が下って昭和も一〇年代ともなれば、一流の漢学者を自負する人といえども、もはや正統な文語文を書けなくなっていたのである。その点では、明治初年に理工系の外国術語を漢語に翻訳した人たち（西周など）の学問的素養は、まったく確かなものであったと思う（酸素とか、蒸留、還元などの学術造語には今もって感心させられる。数学用語の函数、微積分などは、中国のほうが日本より輸入が早かったので、中国人の訳した漢語を拝借して、日本人も便乗して使用するようになったらしい）。

およそ言葉というものは、各国語（とくに日本語）とも、それの語義や用法は、時代とともにどんどん変化（≠進化）していくから、どんな語が、どんな時代に、どんな意味で使用されていたのか、などを心得ていると、その正しい使い方もおのずから判るし、言語一般についての興味、関心も湧く。先ほどのindustryなどは、その一例である。

日本語の手近な例を一つだけ次に挙げると、今日の僕らは〝おいしいもの〟を指して〝ごちそう〟と呼ぶが、「ちそう（馳走）」とは、『日本国語大辞典』で引くと、文字通り「人がかけ走るこ

と」「馬を駆けて走らせること」で、さらにその原《もと》の意は、中国の『史記』などに遡る用法が示されている。すなわち、

「かけ走る」→「世話をする」→「(食事などを) もてなす」→「おいしい食物」

と変化したのである。走りまわって、旨いものを入手するということなのだ。「綺麗」などの語は、今日の日本では、ただ「美しい」の意味で理解されているが、『唐詩選』などでは、もっぱら「上《うわ》辺《べ》を飾る」の意味でのみ使われているようである。

およそ文字や熟語の意味は、先述したように時代とともにどんどん変化していくから、旧い時代の辞書なども無用の長物として棄ててしまうのではなく、過去時点の語義を、現代のそれと対比したりする場合には大変役に立つ。同じ『広辞苑』でも、一九五五年初版のものと、現在の第六版の両方について、例えば「情報」という単語を引き較べてみたりすると面白い。一〇年でもとの意味とまったく違ってしまった言葉もいろいろあり、例えば「笑止千万」なども原義は現在とは逆であり、「仕合せ」も今では「幸せ」と書くが、もとの意味は「めぐりあわせ」のことで、「幸せ」とはまったく関係がない。「頗《すこぶ》る」なども、本来は「少し」「わずか」の意で、現在とは正反対であった。

なお漢字は、その筆順などがよく問題にされるが、行書、草書などで書くときはともかく、楷書ではあまり問題にする必要はないと僕は思うが、いかがなものであろうか。

●言葉を介して文化への敬意を持つ

これを要するに、文字とか熟語というのは、ひとつの文化である。それゆえ辞書とは、知らない文字を引くだけでなく、文脈のなかでの文字や熟語の適切な用法を知るために引く（というより読む）ものであると心得たい。語や物事などを頭に入れるには、それをいろいろフレームとか座標とかに関係付けて覚えておくことが大切で、そうすることで僕らは事物の意味の起源とか由来とかをも知り、正しく使うことができるのである。

面白い例を一つ外国語で挙げると、「窓」のことを、英語ではwindow、ドイツ語ではfensterと言うが、これはイギリス人が窓を「風（wind）を入れる穴」と考えてきたのに対し、ドイツ人はそれを逆の「穴の風ふさぎ」、つまりfenceと見なしていたことが判る。両文化で、窓の役割の意味が逆であるのは面白い。僕らが、ドイツ圏を乗り物で旅したりして感じるのは、ドイツ人たちが夏の暑いときでも窓をむやみに閉めたがることだが、そのためではないかと察している。窓を開けていると、悪い〝気〟が入ってくると感ずるらしい。

僕らが英語やフランス語など印欧語系の単語を学ぶと、そこにはギリシャ語、ラテン語など語源を共通にしているものが極めて多いことに気が付く。ことに数学や科学系の単語にアラビア語やペルシャ語を祖とするものが目立つのは、西欧の科学には東方から伝わってきたものが多いことによる。例えば数学のsine（正弦）の語源であるsinnsはアラビア語の「乳房」のことで、正弦曲線は乳房型の弧を描いていることからきた呼称だという。

人が言葉に対し愛着をもつということは、人が言葉の背景にある知の文化一般に対して愛着をもち、敬意を抱くことに等しい。辞書（ことに大型のそれ）はそういう大きな役割を果たす手近で貴重な存在なのである。

日本人にとって、英語で難しいのは、冠詞のa 、the の付け方である。『新和英辞典』（研究社）を引くと、ある程度までそれが納得できる。たとえば「木」を引くと「a tree」で出てくる。「葉」「根」を引くと、やはり「a leaf」「a root」とそれぞれaが付いて出てくる。しかし「木材」だと「wood」「timber」、また「幹」は「the trunk」で定冠詞が付いたり、付かなかったり。「米」「小麦」「玉蜀黍」を引くと、冠詞なしの単数で「rice」「wheat」「maize、corn」。「豆」「ぶどう」は冠詞なしかつ複数で「beans」「grapes」で出てくるが、「大豆」「いちご」「ピーナッツ」となると、「a soybean」「a strawberry」「a peanuts」とそれぞれ頭にaが付いて載っている。とにかくややこしい。

III章―4

文章力を鍛えよう

前節では字引の話をしたので、この節ではそれに続き文章一般について、（読む人の立場でなく）書く人の立場から考察してみたい。

人間の文化史をたどると、人が**文章**（essay）のような、まとまった言語表現の陳述をするようになったのは、比較的新しいことらしい。旧い時代には、人の意思表示や伝達は、歌とか詩（叙事詩とか祝詞《のりと》などを含む）のような音声言語を通じてなされたと思われるが、中世以降になると、文字言語が登場し、人と人との間の書信とか書冊のような記述表現の仕方が、だんだん主流になっていったらしい。

このことから言って、文章は、まず個々人の個性の表現物として立ち現れたものであることが判る。日記然り、書簡然り、評論や研究上の成果公表物然り、である。昔から「文は人なり」という言い方があったが、文章なるものは、まずそれを書いた当人の人柄とか個性とか、教養の程とかの表現として捉えられるし、かつ捉えられるべきものである。

書いた人の個性や人柄がよく表れ、かつ名文の誉れ高い好例を挙げるとすれば、前節でも引いたB・ラッセル卿のきびきびした洗練された文章がある。彼は哲学者にしてノーベル文学賞を受けている。K・マルクスの文章も優れている。彼は、ドイツ語の文章の伝統を非常に大切にし、その純粋性を守るのに大変厳格で、いつも後輩たちの文章を厳しく叱正していたという。彼が大英図書館に通い詰め、そこでかの『資本論』の執筆を続けた話は有名である。その点で対照的なのはJ・スターリンで、グルジア（現ジョージア）人だった彼のロシア語の文章は文法的にも甚だ乱脈なもので、本人の粗野な性格がよく表れているという。梟雄A・ヒトラーの文章は、僕は彼の『わが闘争』を戦時中、原文で少し読み齧ったことがあるが、確かに歯切れのよいアジテーション風のドイツ語文だったことを覚えている（もっとも、これは副総裁L・ヘスの代作だったとの説もある）。いずれにしても、まことに「文は人なり」である。

このように、文章の役割が、それを書いた人の素養や意思を、読む人に訴えることにあるとするならば、僕らが文章を書くうえで常に注意すべきは、書く人の個性を、どううまく表現すべきかにあると言ってよい。

そういう意味では、まったく個性がないのは、まず役人たちの書いた文章であろう。法律や法令の文章表現も、正しいにせよ没個性的である。社説を含め新聞記事の文章もまた、「情報を読者へ客観的に伝える」という目的からすれば正しい文章かもしれないが、個性をまったく押しつぶした味のない文章になってしまっている。ただ明治時代の新聞記事には、執筆者の署名入りの、いささか個性的な文章がなくもなかった。新聞記事表現に「個性がない」という意味は、例えば人の死亡を報ずる場合など、ローマ法王が〝遷化〟しても、どこかの社長が〝物故〟したとしても、押しなべて〝死去〟と表現するようなことを指して僕は言っているのである。さすがに天皇陛下の場合だけは「崩御」と報ずるようだ。もっと多様な表現が欲しい。

良い文章の条件

文は、書く人の個性を表すものと言うが、総じて一般的に「良い文章」とは、どのような条件を満たしている文章を言うのであろうか。それにはいくつかの条件があるが、最低限の条件としては、まず文意が正しく明確に相手に伝わる文章、つまり「用の足りる」文章である。その点では前述の、新聞記者が書く文章や、法律の文章などは、模範的な文章だと言えなくもない。しかし、人はそれを名文だとは決して言わないであろう。

〝読んでみて読みやすい〟ことも良い文章の条件かもしれないが、これもそうとばかりは言えず、一読してすらすら判る文章でなくても、世に名文と称されているものはいくらもある。昔の人の言葉に「読書百遍意自ずから通ず」というのがあるように、何度も何度も繰り返し読み返してみて、初めてその深い文意が本当に伝わるといったタイプの名文章も、世上には少なからずある。それは、栄養のある、あるいは深い味のある食物が、必ずしも口に優しいとは限らないことと一緒であろう。

易しい文章とか、読みやすい文章とか、読む側からはいろいろ注文を付ける余地があるが、それだけが良い文章の条件でもない。漱石の『草枕』などは、決して易しい文章ではないし、現代の若者読者には読みやすいとは必ずしも思えないが、その内容のことまでを含め、表現が巧みで頭に入りやすい良い文章だと言えるであろう。

良い文章の形式的な条件は、こうしてとにかく一様に決めるわけにはいかないが、そのためのいくつかの条件のようなものを箇条書き的に挙げるなら、およそ次のようであろうか。文章の内容が良いことは当然の条件であるとして、

文章にリズムがあること。起伏があること。めりはりがあること

文体がだれていないこと。簡潔で、センテンスが長過ぎないこと

語彙が豊かで、かつ変化に富むこと

表現が斬新であること

巧みな比喩や適切な実例が鏤《ちりば》められていること

何かを論ずる意図がある文章の場合なら、論理の起承転結がはっきりしていること

などであろうか。

これまでの生涯の間に読んだ、頭に残る、そして模範になるような良い文章は何か、と問われるならば、僕は躊躇《ためら》うことなく、「それは、僕が小学校のときの国語（当時の言い方なら読方）の時間に学んだ『尋常小学・国語読本（巻5－12）』だ」と答えたい。これは俗に「大正国語」と呼ばれ

てきたテキストで、戦後二〇年を経た時点でその全巻が原版のままそっくり復刻されていて、容易に手に入る。この国語読本の文章・内容がともに優れているのは、その筆者が当代の有名な国語学者であった高木市之助だったことによる。高木には中公新書に『尋常小学・国語読本』（一九七六年）という回想録があって、国語読本のほとんど全巻全体を彼が単独で執筆した経緯なども、そこに詳しく述べられている（この回想録は高木の晩年の口述で、深萓和男の筆録による）。

「大正国語」から文章の一例を示すと、「軍艦生活」という一章は、当時高木自身が頭の堅い海軍当局といろいろと面倒な交渉をし、本人が横須賀に碇泊中の軍艦で水兵たちと一晩起居を共にし得たことで、その生活ぶりをユーモアを交え巧みに描写している。堅苦しいはずの内容が、氏の筆にかかると、臨場感にあふれ溌剌とした表現になっている。僕は常に、報道文は必ず書き手が現場を直接踏んだうえで書くべしと言っているが、その軍艦体験生活文はまさにその好適例である。したがって氏が読本執筆にあたっていちばん困ったのは、「トラック島だより」（現名はチューク諸島。当時は日本の委任統治地だった）のような、容易には自分自身では訪れられない辺地や海外についての叙景文や、文学者として体験困難なものを教材に採用しなければならない場合だったと回想している。

僕自身の文体は、この小学校時代の「国語読本」の影響を少なからず受けているはずである。なお高木の筆になる単著としては『吉野の鮎』『古文芸の論』『貧窮問答歌の論』（いずれも岩波書店）などがあり、それぞれが味読に値する名文章であり、一読を奨めたい。

文章や演述を構成するパーツは語彙である。人が知力を身に付けるためには語彙を増やすことが必要である。語彙とは、申すまでもなく、一つの言語体系を構成している単語の総体のことである。語彙の多い人ほどボケないというデータもあるそうだから、人が語彙を増やす努力をすることには、大きな実利もあると知るべきである。

かつて英国に、基本英語（basic english）なるものを提唱したC・K・オグデンという言語学者がいた。彼の言う基本英語とは、最低八五〇語の英単語を覚えていれば、日常の用はたいてい足りるというもので、例えば山に登ることを〝go up〟と覚えておけば、climbという単語は知らなくても済むというわけである。確かにその通りかもしれないが、この種の基本英語だけで文学作品を書けば、大変味気ないものになってしまうことも明らかである。

近年は、日常の日本語も微妙な語彙はだんだん乏しくなりつつある。それに代わって、なんだか意味のはっきりしない、流行のカタカナ語や表現語が次々に登場しては消えている。日刊新聞も、そう言えば語彙は意外に乏しい。上述したように、人が死亡することはすべて「死去」の一熟語で済ませてしまっている。しかし人の死については、語彙としては、死亡、死去のほかに、日常的に使うものに、

物故、逝去、卒する、没する

などがあり、一般人の死去についても、このほかに、

永眠、不帰、鬼籍に入る、白玉楼中の人となる…

等が使われ、宗教人ならば、

往生、入寂、上僊、昇天、羽化登仙…

等々。さらに高級軍人が亡くなったときは、「将星隕《お》つ」といった雅な表現もある。また若死にするか、不慮の死か、などでいろいろな使い分け、言い方がある。僕のような老人の場合は、「寿終」と呼んでいただけると嬉しい。こういういろいろな字について知りたくば、『日本類語大辞典』（晴光館、一九〇九年）などを見られたい。

とにかく当今は、およそ事物の形容、表現が一律に平板になってしまって、まことに味気ない。新聞記事も、一律の「死去」にしてしまえば〝面倒がない〟ということなのであろう。

テレビなどを視ていて、子供たちの喋る言葉を聞いていると、「面白かった」とか「おいしかった」といった紋切り型の言葉ばかりを喋っている。親や先生がもう少し注意して言語表現力を豊かにしてやってほしいと思う。

人が語彙力（word power）を高めようと思うならば、ただ口頭で喋っているだけでは絶対に増えない。当世人の語彙が乏しく、物事の表現が平板になっているのは、若い人たち中心に日本人全体が眼による読書らしい読書をしなくなったことが最大の原因であるように、僕には思える。

語彙の次に、**文体**（writing style）について述べる。当世、一般に語彙が乏しくなったことは上述したが、それと併せるように文体もまた、多様性をなくしてしまった。

これは小学校以来の国語教育の変化に端的に表れている。すなわち前述の「大正国語」の尋常五、六年用の一一、一二巻について見ると、全体は五五課から成っているが、うち唱歌、詩の七課を除く四八課のうち、文語文は一四課あって、そのうち三課は候文（書簡文）であり、残りの三四課が普通の口語文である。つまり大正から昭和にかけての小学生にとっては、文語体の文章書きというのは、ごく当たり前の作業だったのである。

このような文語文や候文は、今日ではものの見事に世上では廃絶してしまったが、使ってみるとそれなりのさまざまな良さがある。いちばん良いのは表現の簡潔性である。「…しなければならない」は、「…すべし」の三文字で済む。したがって僕は、日常のメモ、日記の類はすべて小学生時代に身に付いた文語を使っている。候文は、（自分で書いてみると判るが）事務的な言い方で済ませられる長所がある。断わり状などは候文で書くと書き手の感情を交えなくていいので、僕は気に入っているのだが、とにかく書簡文は読む相手のいることゆえ、昨今では僕でさえまったく使う機会がない。

なお、いわゆる口語文にも「…である」体と、「…であります」体とがあり、近世は「…せよ」でなく「…しなさい」とか、「…してください」調の口語文が増えている。これは前者が命令調に聞こえる、というのが大きな理由であろうか。

―――文章上達法

この節の最後に、文章上達法について一筆しておく。

人が文章に上達するこつは、まず各種の評論、文学作品など、さまざまなタイプの良い文章に接する機会をなるべく多くもつことであろう。また、良い文章を繰り返し読むことであろう。日刊新聞や法令の文章などをいくらたくさん読んでも、文章は上達しない。

文章を書くときの重要な心得としては、いきなり清書するのではなく、まず下書きをしたうえで、(できればそれを時間《ま》を置いて)読み直し、推敲し、彫琢する心掛けがほしい。声に出して読んでみるのが効果的である。いったん書き上げ目を通してみて、その時点ではそれで良いと思っても、一日間《ま》を置いて読み直してみたりすると、冗長や無駄な表現が目に付いたりするものである。短い葉書文なども、下書きして修正したうえで浄書するくらいの心掛けがほしい。なお手紙には伝統的な書式というものがあり、とくに目上の人に出す書簡はそれに従うべきであろう。わが国では、文《ふみ》はまず冒頭を、何か気の利いた時候の挨拶から始めるのが昔からの習慣になっているようだ。これは、一年に四季がある国が生んだ麗しい習慣のように思う。

以上の注意は、紙の上に書く文章だけでなく、スピーチのための文章に関しても、ほぼ同じように当てはまる。人に書き癖があるように、スピーチにも必ず、スピーカーごとの癖があるもので、聴き手にとっては、癖がひどいと聞き苦しいことが多い。このような癖を直すには、自分が喋ったものを録音し、再生して聴いてみるのがよい。米国の大統領だったD・レーガンは、演説上手との評判が高かったが、ある人がそのことを本人に言ったところ、氏は「自分はこれでも、いつも自分の演説をあらかじめ録音して、それを聴いて勉強しているんだよ」と答えたという。一国の大統領にして然り、である。

聞き苦しいのは、「ええと…」とか、「あのう…」とか、「まあ」など、まったく意味のない句を話の合間に挟んだり、「非常に」とか「本当に」「ひとつ」といった副詞や、「というわけでして…」などのような言葉をやたらに連発する。本人はそれにまったく気付いていないのであるが、聞かされる側にしてみると、とても聞き苦しい。

およそ文章やスピーチは、成人してからではなかなか癖が改まり難く、子供の頃から作文類を、しかるべき先輩とか親に見てもらい、添削したり注意してもらうのが一番良いのだが、年長じてからの矯正でも決して遅くはないと思う。僕自身は子供の頃、父親から、各種の手紙文（見舞状、注文の文書など）を書く練習をさせられ、いつも朱正を受けていた記憶があるが、これが後年大いに役立っていたと思う。僕は大学で指導教授の助手をしていた頃、弔辞文の代作などをよく頼まれ、それには苦労した思い出もある。林は良い文章を書くと褒められたが。

とにかく良い文章類を気楽に書けるということは、一生涯の得である。スピーチのほうは後に残らないが、少なくとも文章はあとあとまで残るものである。

以上でこの節を終える。読み返してみて、やや旧い時代に基づいた記述をした気もするが、文章力そのものの鍛錬の原則自体は、昔も今も変わることはないと思う。そのつもりでこの節の記述を評価していただければ嬉しい。

Ⅲ章―5

知恵を紡ぎ出す読書法

前節では良い文章を書く効用について述べたので、そのあとを受け、他人の文章の読み方について若干の考察を巡らせてみたい。

この領域では、昔から「読書論」などと題した本が世上には少なからず散見される。しかし、およそ読書活動というものは、人が何らかの具体的目的で行う行為の一つだから、目的ごとに選ぶべき書物の種類が変わるのはもちろん、その読み方や利用の仕方は、人ごと、場合ごとに、変わってくるのは当然である。また、専門的な知識を得る目的で目を通す本と、息抜きのために手にする教養本や娯楽読物とでは、人の書物に対する姿勢は当然異なるに違いない。そう考えると、おおよその「一般的な読書論」などというものは、もともとありえないようにも僕には思える。また、「推薦図書」などという宣伝文句をよく見かけるが、誰に向けて、どんな意味で推薦するのかも判然としない場合が多い。僕の体験では、「入門」という表題につられて手に取ってみたが、門外漢には難解でまったく歯が立たない本も少なくない。表題も推薦文もまるで無意味な訴えのような気がすることもある。選書の責任は、結局はすべて読者が自分で負うしかないのである。

なお本書の読者は、それぞれ何らかの専門分野での活動に従事されている向きが多いと想定されるが、専門読書術に関しては、分野ごとで事情がまったく違うに相違ないから、ここで読書指南めいたことを述べたりするのは僭越な気がするのだが、それでも僕の乏しい経験によれば、選書の仕方や読み方については、分野に関わらず、それなりの共通のこつのようなものがなくもない。ということで、僕なりの専門書の読み方体験論の一端を次に少々書いてみる。

まず、僕の研究者駆け出しの頃の経験から。敗戦直後の一九五〇年頃、僕は大学院で、研究の必要上から数理統計学の或る分野の勉強を取り敢えずしなければならない羽目になっていた。当時は、洋書やジャーナル類の輸入は外貨の関係で個人では難しかったが、ただ米国の教科書的な新刊文献は、日比谷公園のそばに占領軍が設けてくれた洋書専門のＣＩＥ図書館という施設があり、そこへ行けば、第二次大戦中に日本が立ち遅れた先端的学問についてのテキストや専門書、さらにジャーナルなどが開架で置かれていて、誰もが自由に入館し、文献を直接手に取って閲覧することが可能であった。占領軍当局は思想統制には厳しかったが、理工・技術系学問の普及活動面については、さすがに先進国らしい度量があったのである。したがって僕の勉強目的のための教科書類などは、そこの書架で早速見つけることができた。しかし困ったことに、僕が勉強したい分野については、日本にはまだ指導者や先輩がいない時代だったから、せっかく新しい輸入教科書を手にして自習しようとしても、本の内容によく判らないところがあったときなど、それについて質問したり、教えを乞うたりできる相手がいなかった。

しかし、窮すれば通ずるもので、大きい図書館のことだから、ある分野の教科書といっても一冊だけではなく、何種類もの類書がある。そこで僕は、それら何種類かの教科書を借りて、較べ読みしてみることにした。すると、Aの教科書で読んでよく判らないところも、Bの教科書では同じ主題をAとは別な形で、実例なども挙げて説明されていたりするので、AとBの両方を並べながら読むと、その内容が少しずつ摑めるようになる。このような自習勉強法は、他のいろいろな分野の勉強や研究にも役立つはずのもので、僕はその後も何かにつけて複数の類書を並行的に読み込む勉強法を実行し、単数の本だけでは心許ない場合にそのやり方を活用したことであった。同じ一つのものでも、いろいろな見方とか説明の仕方があることを学ぶのは賢明なことである。

どう読むか

読書一般については、人ごとに、その人なりのいろいろな流儀があるもので、「一冊の良書を繰り返し精読することが重要」と説く人もいるし、「さまざまな本を多読することが大切」と強調する人もいる。どちらもそれぞれ理があるが、僕は多読派のほうで、同じテーマや内容のものであっても、常に同類の本を比較参照しながら主題を読み込んでいくことが、頭脳を磨くのに役立つと信じ、長年それを実行してきた。

ただ、古典のような良書の場合は、どんな分野の本でも開巻導入の部分などは、一読しただけでは理解に苦しむペダンティックな書き方がなされている場合が少なくない。それでも我慢して読み進めていけば、やがて著者の考え方や論理の運び方に馴染んでくる、といったタイプの本をしばしば見かける。こういう書物の場合は、さすがにいきなり多読というわけにはいかない。洋書の場合など、初学の人には、冒頭のあたりから読みづらく、読み進むのに苦労することが多いかと思う。だが、辛抱して三〇ページくらい読むと、あとはかなりすらすらと、読みが捗るものである。なお僕の経験では、外国語の場合はかなり慣れても、単語帳は作っておいたほうがいいと思う。作ることで単語や熟語を覚える利がある。

多読派の僕の主張をもう少し続けさせてもらうと、まず、読書というものは、慣れるほどに自然に速く読めるようになる。僕の読書流儀は、ゆっくりと精読するよりも、同一の本でも速読で二度繰り返したほうが、目も速く動き、本の内容が頭によく入る。およそ読書活動は、寸暇を惜しんでやれる人間の知的活動のうち、最も知識吸収能率の良いもののように思う。近頃はオーディオ的に耳で聴く〝本〟なども普及しているようだが、僕は全文を聴き流すような読書よりも、やはり目で活字を逐語的に追い、文中のキーワードを確実に押さえながら知識を叩き込むように脳へ入れる読書活動のほうが、あとあと記憶に残る気がしてならない。それに紙の本は、オーディオによる勉強と違って、いろいろ書き込みができ、筆跡がのちのち残る長所がある。

多読ということのついでに、速読について一言しておく。世上には、科学的速読法と称するものを宣伝鼓吹している人たちがいる。僕はこの種の速読法なるものを勉強したことがないので、その効果（効用ではない）のほどについては発言を控えるが、これを実行している人の体験談では、大変効果のあるもののようである。およそ文章というものは、全文を一字一字目で追っていく必要は、多くの場合ないようで、文中のキーワードだけを拾い、それらを逐次しっかり押さえていけば、著者の言わんとする文意は十分につかめるから、そのやり方をきちんと実行すれば、多読・速読のゆえに脳の吸収する知識の記憶の歩留まりが落ちるとは考えにくい。そもそも人が活字を通じて知識を脳内に収めるにあたっては、生身の人間はコンピュータではないから、書物の内容のすべてを脳内へ収納しようとしているわけではなく、必ずや何らかの、その人なりの基準なりルールなりで、情報内容を選別して脳内へ収めているはずである。その点を考えると、多読、速読は、知識の吸収のための普通の読書法としては、理にかなっていると思われる。

ここまで書いてきたとき、たまたま脳科学者・池谷裕二の「速読は効果的な右脳の活用法」という文章を見つけた。その趣旨をかいつまんで紹介すると、まず、人の記憶はすべて外部からの情報の痕跡である。そもそも人の読書は、脳に回路痕跡を残す（つまり記憶を残す）内発的な人間行動である。そして記憶は、単独の記憶だけでは成立することができず、観念連合によってのみ有意義（つまり有効）なものになる。だとすると、連合性の高い情報であればあるほど、良質な記憶として留まりうるし、僕に言わせればそこから自分なりの新しい知恵を生むための好材料となりうる。

このような良質の知識のことを、池谷は「知のハブ」と呼んでいる。この「知のハブ」は、系統的に多様な分野とネットワークを形成しているから、応用性が高く（あるいは広く）、記憶や理解の能力を助けるものになる。ハブが見つかると、脳の成長がそこで飛躍的に加速する。その点で、池谷は速読に共感を覚えると述べている。賛成である。

池谷は「人がいかにしたら、良質の知恵をたくさん出すことができるか」を基本課題にしているようだが、知恵創出を目的にした読書行動は、少数の本を精読するよりも、多数の多様な本を速読することにある、と言ってよいように思う。哲学者・西田幾多郎の晩年の論文を読むと、氏は相当に難解な哲学専門書（例えばH・ベルクソン）などを、極めて速読して頭に収めているらしいことが推測できる。西田の最晩年の言葉に「書物は兵なり」というのがあるが、練熟精鋭の兵たるたくさんの書物を有能な指揮官が人海戦術のように駆使している西田の書斎の様子がよく判る。ただ、人が難解な書物を速読、多読しうるようになるためには、平素から自分にかなりヘビーな読書訓練を課していることが大前提のように思われる。

古典を読む効用と読み方

これに関連して、人が古典を読むことの効用と、その読み方について一言しておきたい。**古典**（classic）とは、いにしえの賢人たちの人生ないし真理に関する知恵が圧縮され、煮詰まったものである。

この種の古典への接し方は、上述したような速読というわけにはいかない。むしろ古来の圧縮された名文章は、繰り返して味わい、暗誦するような読み方をするのに適した文体になっている。というのも、昔の時代の文は、現代の散文体裁のものよりも、むしろ声を出して読む詩とか韻文のような形式を採ったものが少なくないからである。その意味からも、古典類は、黙読するよりも、声を出して読むに適していると言える。

また、古典を読むにあたっての留意点としては、それが書かれた昔の時代と今とでは、人の生きる環境が同じでないことから、その点を十分に配慮のうえで、内容に接することが必要だということである。孔子の語録である『論語』にしても、仏典や聖書のような宗教的古典にしても、そのことは言えるように思える。

この節を書き終えた時点で、たまたま日刊紙を広げたところ、日本の大学生の四〇・五％が「一週間のうち読書に費やした時間がゼロ」という、僕にはややショッキングな数字が眼に入った（「学生生活実態調査」の結果資料）。この調査は一〇年前から行われているものだが、四割を超えたのはこの年（二〇一四年）が初めてであるという。もっとも、減ったのは読書時間だけではなく、食料費なども減っていて、増加していたのはスマホなどの仲間内のお喋りや理美容・保健費などであるという。また学生の全生活費は、年々減少の一途をたどってきているという。低下した読書力は、押しなべて彼の書く文章表現力の低下となって表れることが、必然だろうことは想像に難くない。

III章—6

知恵を生み出す旅行術

知恵を紡ぐ母体となる知識の獲得に大きく役立つ人間の活動を二つ分けるならば、その一つは**インドア**での読書活動、もう一つは**アウトドア**での旅行行動となろう。

そのうち前者の役割や意味をめぐっては、先立つ節でまとめてある程度触れたので、この節では後者の旅行行動の役割や効用へ考察の眼を向けてみたい。ただ本書では、すでに前章のなかでも、人の旅行行動のことは、いくつかの角度から述べたので、ここではそれらとの重複を避けつつ、旅行行動を人の知恵へと繋ぐ話題を若干拾って書いてみたい。

人間が、その日常ルーティンな生活環境から離脱して未知の世界を覗いてみたいという願望をもつことは、太古からあったと思われる。ただ昔日は道中の危険も少なくなかったし、そもそも万人が斉しく旅を体験するのは至難であった。しかし、未見の世界に遊びたいと願うあたりは、人が他の動物と大きく違う点かと思われる。鳥や魚の仲間にも長途の旅をするものがいるが、それらは集団単位の本能的ルーティン移動活動としてのそれである。

時代ごとの、人の旅行の変遷を簡単に顧みると、まず歴史的には、最初に「大旅行家の時代」とでも言うべきものがあった。もっともそれ以前にも、アレキサンダー大王やハンニバルの遠征のような版図拡張を目的とした地域間移動や、あるいは法顕や玄奘のような宗教的動機による移動がないわけではなかった。ただこれらは、いずれも旅行そのものが自己目的ではなかった。旅行行動そのものを純粋に自己目的としたものは、一二、一三世紀頃のM・ポーロ、一四世紀頃のI・バッータあたりからのそれをもって嚆矢とする。彼らの旅行報告は、時の多くの人びとの異境への好奇心を大きく刺激した。ただC・コロンブスやV・ガマを代表とする大航海時代あたりまでは、探検行動自体の興味もさりながら、それよりは、海外版図の獲得や布教、交易が旅の主目的だったと考えられる。

こうして旅という行動そのものが、個々人の自己目的と見なされるようになるのは、西洋でも日本でも中世のあたりからである。その頃になると遊行芸能人や宗教信者たちの旅が始まる。ヨーロッパなら吟遊詩人たち、日本なら琵琶法師たちの地域間移動がそれであった。さらにローマ詣で、伊勢参りなどの巡礼者たちの旅。これらはいずれも民衆次元の地域交流に大きく貢献したであろう。さらに日本では、「旅を栖《すみか》とする思想」がこの頃から芽生えるようになる。その代表は和歌の西行、連歌の飯尾宗祇、俳諧の松尾芭蕉、絵画の葛飾北斎ら。芸能や文学活動がこうして人々の旅を盛んにし、文化の地域間伝播を促すようになる。また、その頃から紀行文学なども興る。イギリスなら一七世紀のD・デフォー、日本なら同時代の井原西鶴。

ただ一八世紀頃までは、文明社会にあっても、旅行行動はまだまだ庶民の一般的次元にまで下りてきたとは言えなかった。かのワイマール宰相、W・ゲーテでさえも、南のイタリアまでは旅しているものの、(文通上の)親友だったT・カーライルとは、ついに一度も会っていない。こうして人間の旅遊[*5]という行為は、文明社会でも、ようやく大西洋航路が定期化する一九世紀の半ば以降C・ディケンズの頃からとなる。

トーマス・クックのような旅行会社が生まれ、J・ヴェルヌではないが、一九世紀の終わり頃には「八〇日間世界一周」も夢ではなくなりつつあった。それが現在では、八〇時間さえも必要としなくなっている。かくて二〇世紀には「旅遊の大衆化」の時代が実現する。旅行手段(滞在手段を含む)の多様化、スピード化、大量化が目覚ましい発展を遂げるようになる。

●――個人旅行の知的意義

個人旅行の時代的変遷の記述は以上にとどめ、以下、個人旅行の知的意義について考える。その意義を手短に箇条書き的に要約するならば、

それによって人が日常から離れた時間・空間を持ちうるようになったこと

そこから人の新しい知恵、構想、疑問(問題点)が浮かんでくるようになったこと

そこから他者との新しい出会い、交流が生じうるようになること
さらにその結果、
人は自己を（あるいは自国などを）改めて見直す機会が得られるようになること
など…。
こうして人は自主的な旅の企画、実行を通じ、自己の個性を多方面に発揮する機会をもてるようになる。
人にとって旅の効用はこのように、まことに多岐にわたるのであるが、殊にいくつかの国（あるいは地方）を巡遊してみることで、自然や文化の相互比較観察の体験を味得することができる。市販の各種旅行ガイド書に目を通すと、それぞれの国あるいは地方ごとの案内は載っているが、比較観光の知恵までは教えてくれていないようである。
一つだけ具体事例で説明しよう。
今、読者が仮にリトアニア、ラトビア、エストニアという南北に三つ並んだバルト海沿岸諸国を巡遊するとしようか。この種の国伝《つた》い行動の興味点は、まず比較のための物指しの選び方で変わるだろう。三国をバスの旅で車窓から眺める比較考察者の目に入りやすいのは、まず自然景観の違いであろう。また文化や経済の面でならば、例えば三国ごとの「インフラ整備」の状態の差であろうか。三国は宗教の宗派も違うから、教会の塔の形の相違などの点には旅行者もすぐそれには気が付くであろうが、そのあたりの差異までは、国ごとで絵葉書を買ってみても凡そのことは判る。

しかし注意深い旅人がバスで走っていて気が付くのは、まず国道脇の側溝の整備の状態などであろうか。バルト三国では、工業国のエストニアがいちばんインフラは充実していて、農業国で、かつロシアと直接国土を接しているリトアニアが劣る。ラトビアもインフラは弱い。側溝だけでなく、下水のマンホールの蓋とか、電柱や高圧線などにお金を掛けているのは三国のうちどの国であろうか。わが国なども戦前の状態を思い出してみると理解できる。

三国に接しているロシアの国内をバス内から注意して観察しつつ走ってみると、この種の市民生活に繋がるインフラは（軍事費へ巨費を投じているのに引き換え）極めて貧弱で、まったくお金を掛けていないことがよく判る。各住宅へ電気を引き込むトランスなども、わが国の終戦直後のような旧式のものが付いている。さらにロシアの田舎を行くと、電線がそもそも引き込まれていない農家が点々と散らばっている。北朝鮮の田舎あたりもそうらしいが、共産国家は軍事面にはお金を掛けても、民生面は非道く遅れていて、ことに都市と農村との民生面の格差は驚くほど大きいことが、旅を実地にしてみて初めてよく判る。外国からの観光客をあまり田舎へは行かせたくない理由も納得できる。大都市の表通りに並んでいる五階ないし一〇階建てくらいの公営アパートの実情なども、旅をしてみるとよく判る。現地のガイドに訊ねてみると、五階以下のアパートには、もともとエレベーターが付いていないようだし、一〇階くらいのものも、エレベーターの設備だけはあっても、しばしば壊れっぱなしで、アパートの住人たちは毎日歩いて階段を昇り降りしているという。

国ごとの比較観光は、教会や政府の建物を見るのもいいが、それより小学校や病院のような公共施設の整備状況を注意して見るのが、旅行者には良い勉強になる。外国人向けに新しく造られたホテルなどを泊り歩き、いわゆる名所や旧跡だけ見物していたのでは、その国情を本当に観たことにはならないのである。

このようにアウトドアの旅は、人が書物の上などでは到底得られない生の情報を貪婪に採取できる絶好の機会である。僕は、国内の旅でも常に旅先では、拾ったタクシーの運転手などにも積極的に話しかけて、ガイドブックには書かれていない土地の生きた情報を聞き出すべく努めることにしている。公共バスでたまたま乗り合わせた高校生たちからも、土地の新鮮な情報、そして若い人たちの話題などを入手できる。旅先での土地の話題の引き出し方には、それぞれコツがあることは言うまでもなく、それが旅行者の知恵というものである。実際、僕の過去の経験からすると、いわゆる旅行案内書と称するものは、ほとんどありきたりの名所とか名物料理のことだけしか書かれていない。特に国ごとの比較には、目が配られていない。

中国四川省の成都の郊外に旧跡「杜甫草堂」を訪れたときも、堂守り人に「ここは外国人たちも多く訪ねてきますか。どんな人が来ますか」と尋ねたら、答えの序でにいろんなことを教えてくれた。草堂そのものは、どうせ後世に再築された茅屋だから、それを旅人がただ見て帰るだけでは、写真を見るのと同じでまったく芸がない。現地の人との交流はその点でも大切である。

読者が台北で故宮博物院を訪れたとする。そこでは模刻白菜や同じく石の豚肉を見るのも結構であろうが、ただこの種の下手物《げてもの》美術品は、むしろときどき日本の博物館などへもやってくる。それよりも僕の興味を引いたのは、清の時代の治水報告書類で、それに皇帝が直接朱筆で感想や指示を記入したものであった。一国の皇帝がそういった細かい指示までを出しているのに驚く。

また僕が台湾各地を探訪してみて非常に興味を覚えたのは、かつて日本の支配地だった頃からの台湾土着の人たちが、どこまで日本時代の伝統的な暮らしを今に残しているか（いないか）の状況であった。日本人が台湾へ持ち込んだ畳の生活とか、料理道具の和式庖丁とか俎、卸し金《がね》などがけっこう今に残っているのには非道く感心させられた。また建物の建て方などでは、洋館を含めて日本人の残した建築工法がいまだに温存されているのも面白い。例えば窓の付け方。

外国旅行では、日本にいたのではまったく（あるいは、ほとんど）見ることのできないソフト関係の諸文化（現地の人の日常習慣なども）を、よく注意して視察する心掛けも欲しい。例えば、小さい子供をレストランに帯同する国としない国がある。多くの西洋諸国では、大人しくテーブルマナーを守れるようになるまで子供は帯同しない国が少なくないが、そこへ最近のように中国人たちが多人数の家族連れで押しかけるようになると、レストラン風俗もさまざまに変化してきている。ウィーンの新しい中華料理店では、子供が遊ぶための部屋までが店内に造られていた。時代の変化である。

こうして旅は、世相の変化を見うる大きな機会ともなる。

外国旅行は、なるべくなら個人で企画を立てる旅のほうが望ましいが、日本の旅行社ではなく、外国の旅行社が外国で募集している旅企画に応募し参加してみるのも、大きな勉強になると思う。外国人との社交の機会もそれだけ増え、新しい知見が加わるであろう。

その点では、日本の旅行代理店が企画するものであっても、外国籍のクルーズ船で世界各地を巡る旅を、僕は読者に強くお奨めしたい。現在、世界中の年間クルーズ客は二五〇〇万人ぐらいだと言われているが、うち日本人は二五万人で、わずか一〇〇分の一に過ぎない。航洋クルーズ船の楽しさは、現在の多くの日本人にはまだよく認識されていないようだが、原因は旅費が割高だろうとの印象があること、また日本では一般企業などの休暇期間が長く取れないことなどにあるようで、華僑などに較べてみてもクルーズ利用者は極端に少ない。したがって日本人のクルーズ客は、どうしても僕のような退職後の高齢者とか、自由業に近い医師層とかに限られてしまっているのは残念である。確かにクルーズ船には超高価なキャビンもなくはないが、ごく廉価な一人一日一万円（食事付き）ぐらいの若い人向きの室も多い。船の場合は、自室は夜間に寝るだけに使い、昼は公共の空間でスポーツ、ゲーム、セミナーなどで楽しめば安上がりになる。それが旅上手というものであろう。

クルーズ船による船旅が、飛行機による旅と大きく違うのは、目的地（destination）そのものよりも、船上でゆったりと過ごし、さまざまな船内行事に参加し、いろいろな国籍の人たちとの船内での社交、交流を楽しむことが大きな収穫になることである。僕のような脚の不自由な人や、車椅子の客もそれぞれ楽しめるのが、陸上や空の旅と異なるところである。

旅行社の人に言わせると、旅先で病気とか怪我とかのトラブルを起こすのは、高齢者よりもむしろ若い人たちだという。つまり、高齢者はおおむね自分の体調を平生からよく摑んでいるのに対し、若い人は旅先で破目を外して無理をするからだ。

●――旅の諸心得

節のまとめに入るが、旅こそは人が新知識を取り込む絶好の機会、また良い知恵を発揮しうる絶好の場である。そのためには旅行者は、旅行の出発前に目的地情報などについて十分予習をしておくこと、旅の服装などはあらかじめ十分実物に触れて点検しておくこと（例えば釦が弛んでいないか、など）、旅行中は必ず小まめに（その日のうちに）メモを付けておくこと、さらに帰宅してからはデータ整理と追加調べを怠らないこと、である。旅中に世話になった人には、簡単でもよいから一筆、礼状を出すこと、なども大切な心得である。それが、また次の旅の機会にも繋がる。

バガボンドの旅ならば、敢えて事前のプランを立てなくてもよいが、ただ、漫然と旅をするなら自然変化を味わえる南北方向へ動く旅を試みるのが賢明で、東西方向に動くのは利口でない。また同じ目的地をシーズンを変えて再訪するのは、大変良いことである。そこには必ず思いがけない新しい発見があるはずである。

旅はむろん人が自分自身の身体を動かす知的活動ではあるが、先人たちの残した紀行文とか旅行記録とかを味読することも、僕は旅行行動の重要な一部であると考えたい。というのは、偉大な先人旅行家たちが、彼らの旅行行動のなかで、どのような事象に着目し、関心を寄せ、さらにどのような状況にどう対処したかを、現代人はそこから学ぶことができるからである。

古いところでは、紀元前のJ・カエサルの『ガリア戦記』、また同じ時代の玄奘の『大唐西域記』、時代が大きく下がってM・ポーロの『東方見聞録』などがお奨めだ。邦人の著作ではあまり古いものは見当たらないが、一九世紀の菅江真澄の克明な他郷観察の記録。二〇世紀に近づいてからは、地理学者・志賀重昂の『日本風景論』ほか、民俗学者・柳田国男、同じく博物学者でもあった南方熊楠の探訪記録などは、今日の僕たちにも旅行者のあるべき姿を訓えてくれる。外国人たちの日本滞在録かつ紀行文としては、イギリスの初代駐日大使J・R・オールコックの記録文、宣教師で登山家でもあったW・ウェストン師の遺した紀行文。さらに特記すべきは、明治期に当時の日本や韓国の各地方を分け入って細密な記録を残した女流旅行家のI・バードの文章などは、日韓両国の旧社会比較考察としても、改めて味読してみる価値が現在あるように思う。

＊1　古い記事だが、一九八六年九月号の『科学朝日』に、「知覚の世界が見えてきた」という特集があり、神経生理学、（植物）生態工学、情報工学、宇宙工学などの第一線の人たちが、それぞれの立場から、知覚研究の最前線のトピックスについて論じていて、本書の読者には参考になる記事と思われる。

＊2　かつてロシアに、一度見たり読んだりした知識は決して忘却できない人がいて、心理学者たちの研究対

象になったことがある。学者たちは彼を臨床患者として、あれこれ研究したらしい。それによると人間の脳には、一定の記憶容量のようなものがあるらしく、本人も忘却できないことで精神的にいろいろ悩んだらしいが、どうにもならなかったという。忘れるということは、覚えることと同じく、やはり人の大切な能力の一部であるらしい。記憶力に対して、**忘却力**と呼んでおきたい。

＊3　心理学では記憶という術語を、個体が獲得したそれだけに限定しているようだが、生物学では、先祖が獲得したもので遺伝のような形で残っているものをも、記憶のうちに含めて考えているようである。そう考えると、人間のいわゆる本能と言われるようなものも、先祖以来の記憶に含まれると考えてよいように思われる。

＊4　僕がかつて三〇年間在籍していた東京大学教養学部は、学生向けの『教養学部報』というタブロイド判の広報紙を出していて、毎年新入生を迎える時節になると、彼ら向けに、語学や各個別科学分野の辞書、事典類についての解説付き案内記事が、数ページにわたって載せられるのを常としている。辞書類の選択に迷う新入生にとっては適切な企画で、こういう親切な試みは、世上もっと一般人向けにもあってよいと思う。ただ、その『学部報』の案内記事も、紙幅の制限もあってか、辞書ごとの具体的な活用法にまでは、立ち入って触れられてはいない。字引の使い方くらいは、中学、高校以来、学生たちは心得ているだろうと、大学当局側は暗黙裡に考えているふしがなくもない。

＊5　ツーリズムという言葉は、日本では「観光」、中国では「旅遊」と訳しているようであるが、後者のほうが内容をよく表現している。観光という行動はもともと旅行の下位概念ではない。

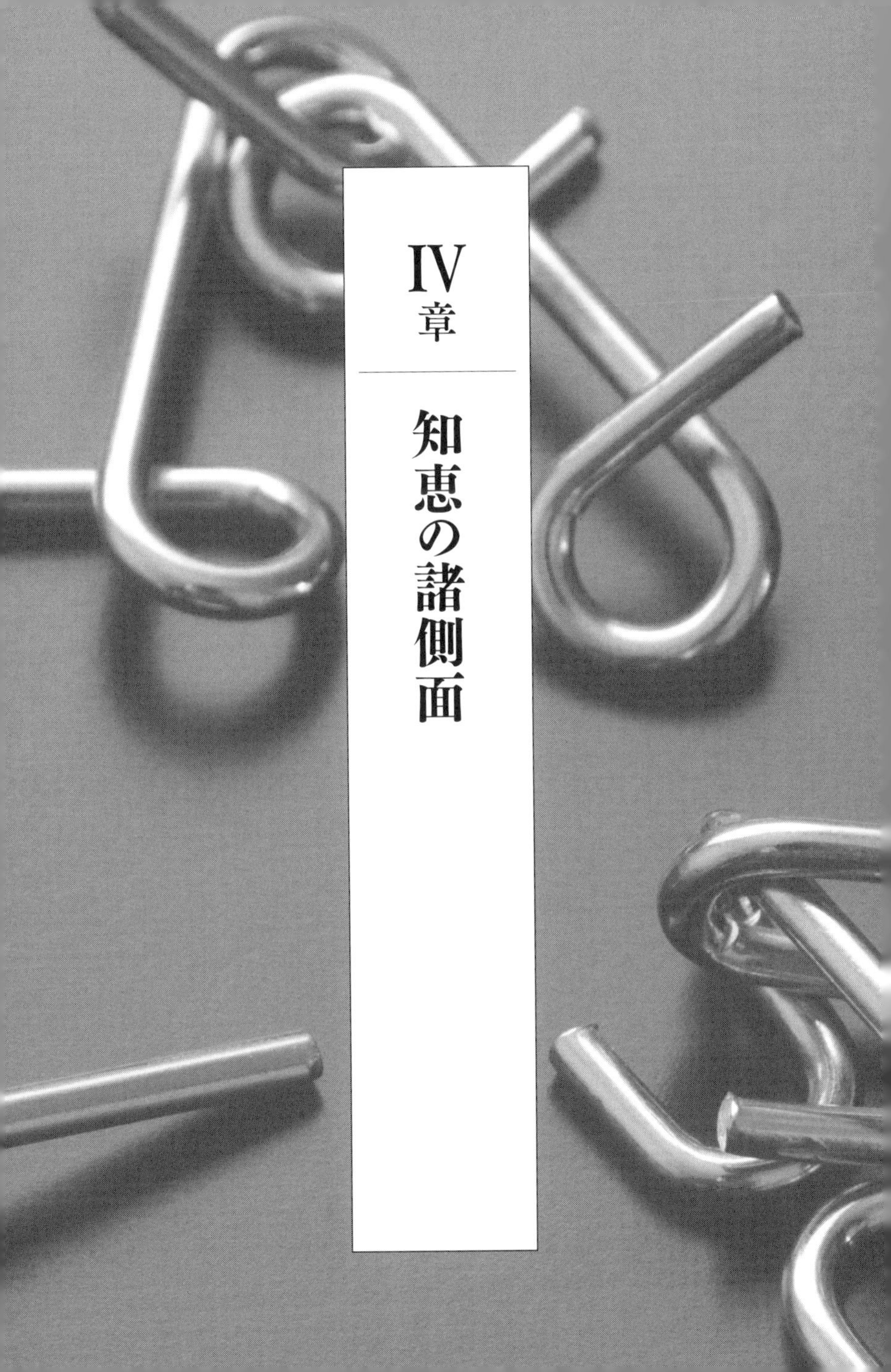

Ⅳ章

知恵の諸側面

僕が小学生の頃愛読していた「少年倶楽部」に、有名な『のらくろ』と並んで、島田啓三の『冒険ダン吉』という漫画が載っていた。南洋の孤島に流れ着いて活躍するダン吉少年には、カリ公という名の小さな知恵ネズミがお供に付いていて、ご主人のダン吉が困ったとき、何かこちょこちょと耳打ちして旨い知恵を授ける。本書は、読者の人生にとってのカリ公の役割を果たしてくれるはずである。読み終わっても、どうかむやみに捨ててしまわないで、人生の良き伴侶として座右に置いて使っていただきたいものである。

なお島田啓三という漫画家は、アマチュアから朝日新聞の投書マンガに応募して当選し、名を成した人物で、彼の作品にはどこかプロと違ったアマチュア精神があふれていた記憶が、僕にはある。

IV章—1

二〇世紀最大の知恵者エジソン

二〇世紀の偉人のうち、人類に最も大きな貢献をした人物を一人だけ挙げよと言われて、Ｔｈ・エジソンの名を挙げる人は少なくあるまい。一八四七年の生まれで、一九三一年に八四歳で死去。発明王と呼ばれるに相応しい生涯であった。よって本章は、エジソンのことから筆を起こすことにする。

世界的に広く読まれている偉人伝の筆頭は、何と言ってもエジソンに関する本ではあるまいか。それに次ぐものは探しにくいが、わが国ならば千円札に出てくる野口英世あたりであろうか。ただ野口は、私行の点なども考慮すると、いろいろ問題のある人物だったし、彼の研究とその成果についても、今日の眼で見るとき、評価はまちまちのようである。ほかにも政治家、軍人、文学者などの伝記は数々上梓されているが、子供にまで幅広く読み継がれているものは極めて少ない。「偉人とは、どういう人を言うか」を深く考えてみると、なかなか簡単にはいかないようである。

エジソンについては、蓄音機、白熱電灯、活動写真、蓄電器などの発明者として知られ、彼が生涯に取得した特許だけでも一五〇〇近くを数えるという。しかも、それらの大部分は、いずれも一般民衆の日常幸福に直接・間接に関係のある、実用に繋がるものばかりであった。さらに彼は卓越した発明家であるとともに、優れた事業家であったことも、万人の知るところである。また教育者としての活動も幅広い。[*1]

「天才とは、一%の閃めきと、九九%の努力である」

とは、広く知られた彼の成句である。この成句の真意は、努力よりも閃めきのほうに力点があるというのが通説である。当のエジソンは、天才的な発明には、とにかくそのきっかけ、ないし口火となる閃めきこそが重要で、それがない限り、いくら努力だけしてみても徒労だと考えていたようだ。ただ努力一点張り型の人間は、エネルギーを無駄遣いしているに過ぎないというのが、彼の真意であった。「閃めき」こそが、人の知恵発揮にとって本質的で、すべての独創は、優れた知恵の閃めきの瞬間にかかっていることは、以下に続く各節のなかで、具体的に考察していく。

晩年のエジソンは、生まれたての人の脳には、すべての天才の種が宿っていると考えていたようである。それが年を取るとともに平凡人になってしまう。彼は人脳の超能力の存在を信じていて、その立証のためのいろいろな実験も試みている。人の脳から発信されるテレパシー(遠感と訳される）の受信装置のようなものも、真面目に考案していたらしい。自然界のすべての現象は、われわれが思いもよらない遥かに大きな未知の知性によって運命付けられているのではないか。自然界の物質や生命の構造を研究すればするほど、それらが計算され尽くされているとしか考えられない、とも述べている。

むろんエジソン自身は、閃めきだけを頼りに生きてきたのではなく、人並み外れた努力家、勉強家であった。エジソンが研究のために書き溜めたノートだけでも数万ページに及び、その内容は、いまだに研究し尽くされていないという。

そういう点では、エジソンに匹敵する幅広い大頭脳を史上に求めるならば、一八世紀の数学者L・オイラーあたりではあるまいか。彼は両眼を失明してからも、八〇歳近くまで学問的意欲を少しも衰えさせることなく、優れた成果を発表し続け、その全業績を示す全集は、今日まだ完結していないという。

●――エジソンの知恵の源泉

エジソンに関する書物は、当然たくさん刊行されている。米国人ならば必ず、子供のときからエジソンの伝記を読んでいるに違いない。わが国だけでも、少年向けに書かれたものを含めて一〇冊以上はあると思われる。これらの本は、いずれもエジソンの生い立ちから始まって、彼の数々の発明業績や事業活動のあとをたどって述べようとするものが大部分である。

ただ、本書で一節を割いて僕がエジソンに言及する目的は、そのような業績の数々を羅列的に紹介することにあるのではなく、彼の卓抜な知恵の源泉のようなものを考えてみることにある。前章で、人の知恵の源泉の多くは、その人の屋内での読書活動とか野外での旅行行動とかにあることを述べたが、それではエジソンという人は、読書とか旅行とかを、どのように考え、また実行していたのであろうか。

まず読書活動に関して言えば、エジソンは子供の頃から、人並み外れた読書家であった。一三歳の頃から耳がまったく不自由であったエジソンは、「だからその分、子供にとって難解な文学書や、理工学の技術書にまで手を出し、精神を集中させて読書ができた」と回想している。また、これについては、母親の深い理解も与《あずか》って力になったようである。彼は、当時のデトロイトの公共図書館の本のうちの目ぼしいものは、あらかた読破してしまったという。しかも一度読んだ本は、内容もよく記憶していた。さらに大変な速読家でもあったらしい。書物のない家は、窓のない家のようなものだ、という彼の言葉も残っている。僕をエジソンと並べるのは僭越だが、その僕も小学校時代は、昼休みなどもドッジボールなどの仲間に入らず、学校の図書館に逃げ込んで本ばかり読んでいたことは先にも記したが、エジソンの読書量にはとても及ばない。エジソンは長じて後も、書物はむろん、毎日必ず朝刊紙をたくさん集めて目を通すことは怠らなかったという。時事ニュースは、彼にとって重要な発想源の一つだったのである。

また旅行については、当時はまだ今日ほど交通は発達していなかったが、少年エジソンは常にあちこち動いて、同時代の青少年にしてはかなり広く実地見聞をしていたようだし、一二歳の少年時代にはデトロイト行きの列車のなかでキャンディー売りをやり、さらに（有名な逸話であるが）車内で『ウィークリー・ヘラルド』という私新聞を発行して、その車内販売をしたりしている。車掌と喧嘩してひどく耳を殴られ、聴力を損じたりもしたという。

さらにそのあと彼は、通信手として米国とカナダを渡り歩いている。彼が後年、通信とか音楽関係の仕事に専心するようになったのも、そういった地域間の旅移動活動が発想の原点になっていたことは否めない。アイデアを発明や事業に結び付ける彼の知恵の数々は、こうして少年時代にすでに芽生えていたのである。

理屈でなく実際の人

エジソンが単なる理屈人間ではなく、非常に実際的な人間であったことを示すエピソードは数々あるが、それは彼の研究所の入社試験のテスト問題を調べてみるだけでもよく判る。出された問題の一つに、

「鶏卵の体積（容積）を求めよ」

というのがあった。多くの受験生たちが、卵を一個の回転楕円体と見なして、数学の積分でそれを求めようとしたが、そういう有り触れた平凡なやり方をしようとした者はエジソンに言わせれば落第で、エジソンは卵を、水を張ったビーカーに入れて、排水する水の嵩を量れば、それで求める必

要な近似値は得られると答えた者を採用したという。

これと似た経験は僕にもある。僕はかつて学生に「琵琶湖の面積を求めよ」という問題をぶつけたことがあるが、こういう場合、琵琶湖の地図で湖の外測度と内測度とを測り、両者の極限を求めようなどとするのは、いわば有り触れた解法かもしれないが、僕だったら大きな厚いケント紙の上に琵琶湖の輪郭図を書いて、それを鋏で切り抜き、その部分の紙の重さと、もとのケント紙全体の重さとの比を求めるようにすれば、それで十分に面積の近似値は得られる、とするであろう。そもそも湖の面積などは、晴れの日と雨の日とでは当然違うから、いずれにしても近似値しか求められないのである。

エジソンはまた、専門研究者たちの入社試験に、専門の知識以外の、広い常識の知識を要求した。それは、例えば、

「フランスと国境を接している国名は?」

「大工仕事を二〇種類書き出せ」

「キリストが生まれたときのローマ皇帝の名は?」

「黄金一二グレーン(一グレーン=〇・六四グラム)の価格は?」

「40×20×10フィートの部屋の空気の重さは?」

など、地理、歴史、科学、技術などの設問があった。今で言う教養の問題であるが、エジソンの時代には、こんな試験問題はまったくなかったのである。

人間エジソンについて、最後にもう一つ、発明のこととは別に書いておきたいのは、彼が優れた友人に恵まれていたことである。僕は先立つ章のなかで、人間にとって重要なことの一つは、優れた知恵者の友人をもつことだと強調したが、エジソンの仕事成功の原因の一つとして、数多くの立派な知人や友人、そして協力者がいたことが挙げられる。エジソンと最も親しい仲だったのは、後に自動車王と言われるようになったH・フォード、それにタイヤ産業を興したH・ファイアストーンであった。このうちフォードはエジソンよりも一六歳ほど若く、一八九〇年にエジソン電気会社の技師となり、九三年にフォード・モーター会社を設立して社長になった。

この三人は、いつも自動車を連ねて郊外の散策に出掛け、ピクニックやキャンプなどして友情を深め合っていた。ピクニック先でたまたま出会《くわ》した樵夫《きこり》の男が、三人との応対で機転の利いた返事をしたことに感心して、彼にフォードの車を一台褒美に与えたりもしている。三人それぞれ性格が違っていたものの、三人ともユーモア好きで、生涯、仕事の上でも助け合って、それぞれのビジネスを成功に導いている。次節でも述べるが、ユーモア好きで機転が利くというのは知恵者たる者の重要な属性の一つであると僕は考えたい。

IV章—2

知恵の原点である知的好奇心

人間が知恵を絞り出そうとする心情の原点に好奇心の働きがあることは、しばしば指摘されるところである。この節では、人の**好奇心**（curiosity）の問題に話題を絞って考えることにしたい。もっとも、好奇心と称されるもののうちには、科学的な真理を追求したり、芸術的な美を究めたりすることを志向する建設的な知的好奇心だけでなく、次元の低い好奇心のようなものまでを含めると、さまざまな形のそれがありうるが、ここでは良質な知的好奇心に話題を限定して論を進める。なお、以下煩雑になるので、「知的」の二文字はしばしば省かせていただくことにする。

さて、それではどうしたら、またどんな状況の下で、人は事物について知的好奇心を抱くのであろうか。それについては多くの論者による研究文献があるが、そのうち入手しやすく、かつ役に立つと思われる一冊を挙げると、やや旧い本ではあるが、中公新書で波多野誼余夫・稲垣佳世子共著の『知的好奇心』（一九七三年）というお誂え向きの本がある。本書は出版年度の「毎日出版文化賞」を受けており、上梓以来今日まで数十版を重ねている。学校教育の場で子供たちの知的好奇心を引き出すには、彼らの動機づけを重視すべきだというのが、著者たちの基本見解である。この考え方は、子供についてだけでなく、大人の職場の仕事などの場合にも、むろん適用できると思われる。なお動機づけ（motivation）という言葉は心理学では基本用語の一つである。

一九世紀以来の伝統的な心理学の理論が、人間は本来、怠け者であって、「アメとムチ」によらなければ学習もしないし労働もしない、という伝説（ないし前提）の上に立っていたのに対し、本書の著者らは、人間は本来生まれつき、自ら進んで外界との交渉を求める旺盛な知的好奇心をもっており、それが人をして人らしく生きさせる原動力であることを、児童の教育現場でのさまざまな実験を通じて実証している。教育現場の人たちに多読された本であるが、知恵を絞ることに関心をもつ本書の読者にも、ぜひ目を通していただきたい一冊である。

なお、著者たちの見解として、「およそ社会は、すべての個々人の可能性がフルに生かされうるような社会こそが望ましい社会であるが、ただしそういった社会は、ある意味ではゆとりを前提とした〝贅沢が許される社会〟というべく、未来社会はそうあってほしい」ということを、著書の末尾で一言述べている。この問題提起は、実はこの拙書の主題の一つに関わるものでもあり、その点からも、僕はこの本を、本書の読者に奨めたい次第である。

話を知的好奇心という主題に戻すが、上述の著者たちの主張を、子供たちについてだけでなく、大人（成人）に対しても当てはめうるとした場合、成人一般は子供たちほどには、知的好奇心そのものがもはや旺盛ではなくなっているのではないかとも考えられ、その点をどう考慮すべきかが大きな問題となる。動物園などで飼われているサルの群れを観察していて判るが、僕らが何かサルの好きそうな食物らしきものを懐中から出して見せると、最初に跳んでくるのは子ザルたちである。群れのなかで、彼らが最も好奇心が強いことはこれで判る。その次にやってくるのは母ザルたちで、彼女らは子ザルに釣られてやってくるらしい。そして最後に、面倒臭そうにのそのそと現れるのは牡の大人ザルどもである。

このことから類推できることは、（恐らく人間についても同じであろうが）総じて大人は子供ほどには、もはや知的好奇心が強くなくなっている。そして、その代わりに他の面での好奇心が膨れてしまっているのではないかと思われる。さらに老人になると中年層よりも、知的好奇心を含む一般的好奇心が一層縮退（degenerate）しているであろうと考えられる。

とにかく好奇心は知恵の源泉であるとして、本書の読者の大部分は成人の方々であろうから、子供時代よりも、かなり知的好奇心が弱まってしまった人間と考えて、以下の論を進めることをお赦しいただく。

子供の知的好奇心の移り変わり

子供の知的好奇心は、社会的問題などよりは、まず自然現象的な話題に向けられるようだ。例えば、幼稚園あたりの子だと、

「なぜ雲は落ちてこないのか」

「なぜホタルの光は熱くないのか」

といったタイプの質問をしてくる。まことに尤もな質問だが、こういう疑問を向けられると、たいていの親たち、つまり大人は答えに窮してしまう。大部分の両親たちはそもそも正解を知らないだろうし、知っていても、子供に納得のいく解答を与えることは難しい。

　小学生ぐらいになると、疑問内容も、もう少し具体的・現実的になってきて、

「なぜヨットの帆は（四角でなく）三角なのか」

「ラムネ瓶のなかのラムネ玉は、どうやってなかに入れたのか」

のような質問をするようになる。これらの質問に答えられない親は少なくあるまい。僕は、わが家の子が小学生の頃に、「梅の種のなかに、小さな鈴の入っているガラガラ」を神社で買ってやったところ、「このガラガラの固い種のなかへ、どうやって鈴を押し込んだのか」と子供に訊かれて、ハテと答えに窮した記憶がある。つぶさに観察してみても、種を割って、割れ目の幅より大きい鈴をスリットのなかへ収めた痕跡はまったくない。何とか僕なりに考えて答えたが、子供はそれで一応納得してくれた。

　とにかく、このような場合、親としての返事の仕方が成長ざかりの子供にはとても重要なので、「うるさいな」などと子供の疑問を頭から封じ込めてしまうのは、教育上いちばん良くない。判らないときでも、「お父さんも判らないね。いっしょに考えよう」と返事してやれば、取り敢えず子

供は承知してくれるものである。

僕自身の小学生時代の記憶であるが、組担当の先生の教え方の態度は、「教えたことだけ、ちゃんと覚えておけばよい（それ以外のことは知らないでよい）」というそれであった。たしかに学校、とくに義務教育という場は、主としてさまざまな知識を児童に授けるところであり、知恵の出し方を伝授するところではないから、子供にあまり「なぜ、なぜ。どうして、どうして…」という質問を、知識伝授の途中で乱発されたりすると、授業進行の妨げになる可能性がなくもない。しかし子供の頭から、好奇心の結果として自然に湧いてくる「なぜなぜ」を押しつぶして、ただ一方的に既存知識の注入だけに主眼を置くのは、教育として良いことだとは、どうも僕には思えない。高学年になるにつれて、子供の知的好奇心が衰退していく原因の一つは、そういうところにもあるように思える。

世の中には、自然現象にせよ社会現象にせよ、判らないことだらけのはずである。子供だけでなく、大人にも判らない手近な自然現象としては、

「雪の結晶は、どうしてあのようなさまざまな形をとるのか」

「渡り鳥は、どうして毎年同じ土地の同じ池に戻って来られるのか」

などがあるであろう。

子供の知的好奇心は、幼いときは天体とか生物とかのごく手近な自然的諸現象の謎に向けられるものだが、だんだん長じて中学生あたりになると、好奇心の対象を自然的諸現象から社会的諸現象

へと、移すようになるようだ。その理由は二つあって、まず一つは物理・生物などの自然的現象を扱う理科系授業のレベルが（数式などもたくさん入ってくることで）難度が急傾斜的に上がり、歯が立たなくなっていくこと。もう一つは、中学・高校あたりになると、彼らは幼児から少年少女になり、自然現象への関心よりも社会的な諸現象に対する関心のほうが強くなり、そちらへと彼らの好奇心の対象が移っていくからであろう。

自分自身の手足を使う

なお、学業というものは、どんな学問の場合にもそうだが、ただ机に向かって書物を広げたり、先生や講師の話に耳を傾けているだけでは身に付かず、それなりのドリルが必要である。すなわち自分で鉛筆を執ったり、コンピュータを操作したり、道具を使ってあれこれ実験や実習をしてみるなどがそれである。

およそ人は、好奇心にあふれたその幼少時代に何か自分自身の手足（や頭脳）を使った勉学作業（学校での勉強以外のものを含む）をしておくことが、彼が成人してからあと、それが何らかの形でのちのちの知恵発揮作業の上に、識らず識らず大きく役立っているように、僕には思える。

僕の小中学校時代のことを回想してみると、頭脳活動型の子供たちは、学校の授業とはあまり関係のないところで、昆虫採集とか、外国郵便切手の収集とか、動物を飼うとかの自主的な活動をしていたように思う。そして中学生の頃まで続けて昆虫採集や切手収集に持続的に興味を持っていた友達の多くは、成人したあとも大学教師とか（おおむね理工・医系）の職に就いた者が少なくなかったようだ。思うに忠実《まめ》にこつこつ物事に取り組むという習性を幼少時代に身に付けておくことは、成人後の職業の上でも貴重なのである。カブトムシはデパートで買うものだと親が教育しているようでは駄目である。

僕自身の小中学校時代には、上述の郵便切手収集と昆虫採集には、いずれも多少の経験があり、前者は大人になり社会人になってからも継続している。昆虫採集のほうは、少し体験してみて判ったが、朝早く起きて森や山へ出かけて行かないと、良い収穫は期待できない。なお虫を分類したり整理したりするには、ただ図鑑を広げて眺めるだけでなく、幼虫から育てる努力が欲しい。ただ僕の学生時代は、大戦突入の動乱期と重なっていたので、もはや昆虫どころではなく、さらに僕の大学進路も数学応用の管理科学のような方向へ向いてしまったので、残念ながら昆虫との付き合いとはお別れになってしまった。ただそれで山歩きの習慣が付いたのは、小学生以来の昆虫採集のおかげとも言えるもので、内外のワンデルング（山歩き）習慣は昆虫採集習慣の余禄だった[*2]。

山歩きそのものは、僕の専門職業の関連で教えを受けた、ヒマラヤや南極越冬隊で名を上げた西堀栄三郎の指導をたまたま受け得たことの恩恵でもある。山とか探検とかで雄大な自然に触れるのは、健康のためにもすこぶる良く、躰も鍛えられる。野外行動一般は、本書の主題でもある知恵の発揮が最も求められる場でもある。西堀という人については、先の章でも少し触れたように、現場に臨んでの各種知恵発揮の達人であった。

もう一方の切手収集のほうは、それを続けることで、切手の図柄や印刷などから各国の地理、歴史、文化などにも直接触れられて、いろいろな意味で多方面の学習や研究の大きな助けにもなった。また、さまざまな言語への興味にも繋がった。わが国では切手集めなどというと、子供のお遊びくらいに軽く思われているが、欧米ではこれはれっきとした大人の趣味《ホビー》であり、ヨーロッパでは大人同士の郵趣を通じた文通や交換、さらに定期的な国際展覧会なども賑やかに開かれる。一国の王様などにも切手趣味をもつ人が少なくなく、切手収集は「王さまの趣味、趣味の王さま」とまで言われているくらいである。年配の大学教授や実業家クラスにも郵趣家《フィラテリスト》は少なくなく、僕もしばしば海外へ旅するようになってからは、現地での外国人との接触や文通、さらにはオークションなどをも介して、研究交流と同時に郵趣仲間としての親交を深めた経験が少なくない。

どうも僕自身がたどってきた趣味や好奇心のことばかり書いてしまったが、要するにここで言いたかったことは、何事につけても知的好奇心を持続させるには、成人以降からのスタートではもはや遅いということだ。少年時代に芽生えた習慣に端を発するものが意外と多く、それが成人になって大きく開花してゆくということであろう。頭脳ではなく主として躰で覚えるようなスポーツとかゲームとかの場合については、やや別であろう。

では、僕たち成人も、子供時代のように、新しく次から次へと、当面するさまざまな問題をめぐって、知的好奇心を持続的に湧き出させ続けることができるであろうか。一つは仲間づくりである。

子供の教育の場などにおける知的好奇心誘発の諸手段や方法の実験例に関しては、先に紹介した『知的好奇心』ような文献があるが、一般の平均的成人をして、創造的な知的好奇心を持続的に湧き立たさせる有効なうまい一般的手法は、果たして存在するのであろうか。これは、子ザルならぬ大人の牡ザルに好奇心を起こさせることが恐らくは難事であるように、不可能ではないかもしれないが、けだし難題のように思える。本書を書くにあたって、いろいろな文献なども当たってみたが、そのことを系統的にきちんと述べた文献は見当たらないようである。僕なりにあれこれと考えてみて、まったく道がないわけでもないように思うので、それらについては続く節や、以下に続く章のなかで、若干述べてみることにしたいと思う。

IV章—3

良い知恵は「閃めき」から生まれる

良い知恵とか、素晴らしいアイデアとかは、人がその主題について、一生懸命考えを巡らしているときには、なかなか湧いてこず、直面している主題のことなどすっかり忘れていて、何かの拍子に突然良い知恵が頭に浮かんできたりするものらしい。よって、この節では、知恵との関係で**閃めく**（flash）ということについて考察を進めてみる。[*3]

学問、芸術などの天才的な創始者たちは、その作品を生み出すにあたって、彼の頭のなかにふと何か、**啓示**（revelation）とか**霊感**（inspiration）のようなものが閃めき、その瞬間に良い知恵の構想が湧いて出た体験をしばしば語っている。I・ニュートンが、樹からリンゴの実が落ちるのをたまたま見て、万有引力の存在に気付いたというのは、実話かどうかは別として、ありそうな話で人口に膾炙《かいしゃ》している。

天才ならぬ一介の平凡人の僕などでさえ、考え詰めているときより、何かのちょっとした弾みに旨いアイデアが見つかった経験を、長い人生の間には、しばしば体験してきている。

古典的に有名な話から始めたい。読者は、紀元前三世紀のギリシャの学者、アルキメデスの有名な逸話を読んだことがあると思う。彼は、時のシシリー王であったヒエロン二世から「自分の王冠の金の純度を知りたいが、何とか調べてくれないか」という相談をもちかけられる。これは大学者アルキメデスにとってもなかなかの難問で、いろいろ頭を捻ってみたが良い知恵が浮かばない。考え疲れて休もうとして、たまたま風呂に浸かって躰を沈めたところ、突然、瞬間的にその解が頭に閃いたらしく、風呂から跳び出し「わかった、わかった」(ユレイカ、ユレイカ)と叫びながら、裸のまま街へ走り出したという。有名な話である。

それは、風呂に浸かって湯水があふれるとともに、自分の体軀が軽くなったことから気付いたもので、それは重力のもとで静止している水中に置かれた物体は、その押し退けた水の重さに等しい浮力を受けて軽くなるという事実の発見であった。これはG・ガリレイの力学研究の礎ともなった考え方である(もっとも、王冠の合金のなかに銀のような金属が微妙に含まれている程度のものを定量で見つけ出すのは、アルキメデス時代の秤では難事であったろうという説もある)。

アルキメデスは、もともと研究者として物理実験や天文などの観測を得意としていたが、もともと万能の人で当時の天秤などの素朴な道具を使い、いろいろな物理原則を見付けた。数学上では、円の面積とか円周率の近似計算なども試みている。また実務的には、シシリーの都市シラクサを包囲したローマ軍を、自分の発明した機械を使って悩ませた話も残っている。いずれにしても、このアルキメデスという人は、歴史上の知恵人間の先駆的人物の筆頭に挙げてもおかしくない大偉人であった。わが国の、神代以来の歴史をたどってみても、こういうタイプの知恵者は、残念ながら史書のなかには一人も見当たらない。力だけなら手力男命くらいである。

●——どんな時に閃めくか

ただ、このように突然に何か良いアイデアとか着想とか知恵とかが、脳内に閃めくという体験は、学術の研究に携わる人の場合だけではなく、宗教家としてその教祖になるような素質の人などにもしばしば見られる共通の啓示現象のようである。天理教の教祖・中山みきがその好例で、彼女の場合は、頭のなかに満開の花がパッと一斉に咲くような、それは突然の体験だったらしい。宗教家一般の場合で言うなら、突然に**悟る**（enlightenment）といったことが、これに該当するのであろう。頓悟などとも言う。

学者の場合にしても、宗教家、発明家、実務家などの場合にしても、あるとき突然に良い知恵とか、優れた心理とかが頭に閃めくには、普段から、始終そのことばかりを考え詰めていることが必要大前提で、日常ただボンヤリと暮らしているような人は閃めいたり、悟ったりはできない。なお、どのような素質あるいは性格の人が、このような閃めき力をもっているのか、またもち得るのかについては、後論で少しずつ明らかにしていきたい。ここではもう少し、閃めきの現象の諸ケースについて述べてみる。

わが国で最初のノーベル物理学賞に輝いた湯川秀樹の自伝回想録によると、彼は毎晩ベッドに入るとき、枕元に紙と鉛筆とを置き、思い付いたことがあると、すぐそれをメモしておく習慣を続けていたという。これは昼どき、研究室の机に向かっていろいろ考えていて解けなかったりしたであろうことについて、床へ入って緊張がほぐれた瞬間にうまいアイデアが見つかったりする。それをメモに備忘しておくということである。良いアイデアというものも、閃めいた瞬間にすぐその場でメモしておかないと、あとではなかなか思い出せないとか、まったく忘れてしまうことが常にある。この「閃めいた瞬間、忘れずにすぐメモしておく」ということが、知恵を逃さずしっかり摑むうえで大切なのである。

僕も、若くていろいろ仕事をしていた時代には、通勤で満員電車に飛び乗り、ドアが後ろで閉まった瞬間に、良い知恵とか、大事な案件とかを、ハッと思い付いたり、思い出したりすることが、再三あった。そういう場合にも、あとで忘れてしまわないために、簡単なキーワードだけでよいから、満員電車内で手の平にペンで二言三言メモしておくのを習慣にしていたものである。下車したあと、鞄からノートを出して、ゆっくり文章に記し直す。満員電車に飛び乗ってドアが閉まった途端に、アイデアが浮かんだと述懐した人は、僕だけでなく僕の友人にもいる。

僕は、かつてある企業で新製品開発の仕事をしていた頃、「あなたは、どんなときに良い知恵とかアイデアとかが頭に浮かびましたか」という質問を、何人かの研究者たちにしてみたことがある。共通する回答の一つは、やはり（普段考え詰めていて）、それが何かの緊張がふと緩んだような瞬間で、例えば、長いエスカレーターを降り終わった瞬間に突然良いアイデアを思い付いた、というような返事をくれた人が多くあった。ほかには、友人と（関係のない）無駄話をしているときに、突然良いアイデアが浮かぶ、というような回答もあったように記憶している。

　およそ人は、どんな場合に良い知恵が浮かぶかについては、お隣の中国では古くから「馬上、枕上、厠上」という言い方があった（これは北宋の欧陽修の『帰田録』が出典らしい）。馬に乗っているときは、人はほかにすることがないのでアイデアが湧く。とくに詩想などは、そういう場合に湧くのであろう。便所でしゃがんでいるときも同じ、というわけである。枕上は、むろん人が横臥しているときのことであるが、朝早く床から出て、窓を開けて良い外気を吸ったときなど、つまり環境が急に変わったりすると、その瞬間に新鮮な知恵が湧いたりするものである。

　こうした「閃めく」というのは、生身の人間に特有の現象のようで、コンピュータなどは「頭がいい」かもしれないが、機械は律儀で真面目だから閃めいたりはしないであろう。最近は碁や将棋で、名人クラスの棋士がコンピュータと対局すると、名人のほうが負けるくらいコンピュータ側は進歩しているらしい。それでも持ち時間が切迫した終盤に入ると、名人に分《ぶ》があるという。というのは、名人のほうは短時間で勘を働かせて手を打つが、コンピュータは真面目に、起こりうるすべての手を愚直に読もうとするため、時間切れになってしまうからだという。時間が迫り切羽詰まると、名人の脳は閃めくが、機械のコンピュータは閃めかないのである。こうしてみると、閃めくという能力は、生身の人間だけが有している能力なのであろう。勘のことは、続く節のなかで改めて考察する。

上述の馬上の場合に似ているが、散歩していて良い知恵が頭に浮かぶ話は、古今東西とも少なくないようである。ドイツの西南部のハイデルベルクにも、日本の京都にも「哲学（者）の道」というのがあるが、哲学を職業とする人は、そういう道を散歩しているときなどに、頭に何か旨い知恵が湧くのであろう。僕は過去にどちらも歩いてみたことがあるが、この種の道は、立派な舗装がしてある現代式の道では駄目で、また観光客などで雑沓しているような道でもまずいようである。今の京都の「哲学の道」は、途中に和菓子を供する茶店などもできているようで、あまり哲学向きではなくなってしまっているようである。鉄道なども、煙突の煤が眼に入るような昔日の田舎汽車のほうが乗っていて旅情や直観が湧くもので、窓の開かないスピード優先の新幹線では、万事が事務的雰囲気になってしまっているのである。

僕は、大学院生の頃、夏休みをよく北軽井沢の大学村で過ごしたことがあるが、同地の森のなかの小径を京都哲学派の泰斗、田辺元が独りで散歩している姿をよく見掛けた記憶がある。その頃田辺は、彼の哲学の大きな転機をなした『懺悔道としての哲学』（一九四八年）の執筆中だったようで、その思索に耽っていたのであろう。同じ京都学派でも西田幾多郎は定年後は鎌倉に居を移し、参禅で哲学知を磨いていたようである。これは友人の鈴木大拙の感化であったろう。西田は、教室でも思索に耽るときは、いつも黒板のほうを向き、聴講の学生たちをそっちのけで独りで考え込んでいたという有名な話が残っている。その頃の西田思索の跡は、晩年の作品『哲学論文集・第三』（一九三九年）以降あたりに結実している。座禅という行動は、知恵の閃めきには多分大きな効果がありそうである。

ノーベル物理学者のR・P・ファインマンは、弟子が大学の職場を変えるとき、「今のハーバードは確かに研究環境は抜群だが、貴君がプリンストンへ移って環境を変えたら、さらに何か新しい知恵がきっと湧くはず」という意味のことを言ったという。これは東洋式に言うと「居は気を移す」ということである。欧米の大学教師はしばしば職場を変える傾向があるが、わが国の大学教授連は、どうも一カ所にノンビリと腰を据えてしまう傾向がある。研究環境を移し、今までと違った仲間と学問交流をすれば、やはりそれなりの新しい研究成果も生まれるはずである。

研究とゆとり

少し話題を移す。Ch・ダーウィンの高弟であったF・ゴルトンは、自家の農園を散歩していて驟雨《しゅうう》に襲われ、大急ぎで農園内の小亭へ、雨宿りのために飛び込んだ瞬間に、統計学上の有名な相関係数の概念が頭に閃めいたということを、その自伝に記している。雨が小降りになったので、走って母屋に戻り、忘れないうちにそれをノートにメモしたという。ちなみに記すが、一九世紀頃の大学者たちの多くは、自分でこういった大きな庭のある荘園《マナー》とか城館のようなものを所有していたようだ。

これを逆に言うと、当時はそのような生活に余裕のある裕福な人たちだけが、学者や研究者になれたのであって、二〇世紀以降のように、日本でも欧米でも一般庶民出身の若者が、アルバイトなどしながら研究職を志したりする世知辛い時代ではなかった。したがって（やや話の筋は外れるが）科学者が何かある問題を研究している途中で、今の研究とは別な、もっと面白い研究テーマがもし見つかったりしたら、いま手許でやっている研究を中断して、研究テーマを自分で勝手に変更したりすることなども、当時はまったく本人の自由だったわけである。自分のお金でする自由な研究だから、誰からも掣肘《せいちゅう》されるわけはない。また研究の期限なども、傍《はた》からかれこれ言われる心配もない。一九世紀頃の研究者は、このように自由に自分の意思で知を追究したのであった。それに引き換え今時の研究者は、特定の研究プロジェクトの一員として組み込まれ、働かされているから、研究の途中でもっと面白い研究テーマをたまたま発見したとしても、自分で勝手にそれへ乗り換えたりすることは、絶対にできないのである。それだけ世知辛くなっているのである。

ダーウィンという人も、本人はともかく、奥さんの家が大実業家だったから、研究の途中で、研究テーマをいきなり横道へ乗り換えることなどはまったく問題なかったはずである。さればこそ、ビーグル号に便乗しての長途航海もできたし、あれだけ世紀的な壮大なスケールの研究も可能だったのである。学問研究というものは、芸術もそうであるように、もともと人間の知的道楽（hobby）として、心のゆとりのもとで誕生したものだったことが想起できる。

以上に述べたことのポイントは、要するに学術や芸術のスポンサーたる者は、「巨きな知恵」「深い知恵」を本当に求めようと欲するならば、予算や期限などを、あまり研究者へ口喧しく言わないほうがよい場合が少なくないということであろう。ルネサンスの巨匠L・ダ・ヴィンチなども、スポンサーの注文内容はしばしばこれを無視して、自分の考えだけを中心にして制作に励んだという。ただ、巨匠ならぬ平凡な学者や芸術家の場合には、やはりテーマとか時間とか予算とかで（傍から、あるいは自分自身で）制限条件を付けてやらないと、仕事が弛《だ》れてしまう可能性があろうこともまた事実であろう。この話題は、すぐ次の節へと繋がる。

IV章―4

運に巡り合う才能――セレンディピティ

読者が日本から南西方向へ飛んでインド洋のスリランカ国の空港に降り立つと、そこには、「セレンディプ（Serendip）の国へ、ようこそ」という大きなポスターが、あなたを迎えてくれるだろう。かつてこのスリランカ島にセレンディプという名の国があって、そこに三人の王子がいた。彼らが旅に出ると、いつも意外な出来事に遭うのであるが、王子たちの聡明さ（sagacity）によって、彼らはいつも難を逃れ得たばかりか、探してもいなかった何かを、彼らの確かな判断力と実際的な機敏さで手に入れる幸運にありつくのである。この話は、一九世紀の作家、H・ウォルポールの作品に出てくるので、セレンディピティ（serendipity）は彼の命名語である。

この言葉は、今では中級程度の英和辞書には普通の英単語として載っており、科学者や技術者、ことに医学の仕事に従事している人たちの世界では、ごく日常的に流布しているようだが、文学や経済・法律などの分野に関わっている人たちの間では、さほど（というより殆ど）使われていないようである。一般社会人でも、この言葉を知ってはいても、日常会話でこの言葉を頻用する人はいたって少ない。というのも、この単語は、日本語にそのまま訳し難く、試みに英和辞書を引いてみると「掘り出し物を見つける才能」とか「掘り出し上手」のことだという長たらしい説明が出てくる。それは「偶然にめっける能力」とか「思いがけなく価値あるものに出会《でくわ》す才能」ということである。夜店の古物骨董店で、探すことが巧みな人がいるが、そういう人はセレンディピティの能力の持ち主だと言ってよい。

偶然の機会を自分のものにする力

したがってセレンディピティを、しいて漢字で訳語を作るとすれば、「邂逅能力」とか「会遇力」ということになろうか。「僥倖力」とか「偶然力」とか、中国語を使って「逢機力」（機会に巡り逢う能力）という訳語を充てることもできなくはないが、何となくどうもしっくりこない。そこで原語のまま片仮名で使う場合が多く、本書でも以下そのようにする。

「偶然に何か価値ある物に巡り合う」機会というだけなら、誰にでも平等にあるわけだが、そのような価値物を、「その場ですぐ拾い上げて自分のものにする」ことがセレンディピティのポイントで、目利きの力が重要となる。セレンディピティを欠く多くの凡人は、古物屋の店頭に並んでいるすべての古道具がただ同じように見えてしまう。しかし例えば、文士の川端康成は、名品についての目利き力が抜群に高かったようである。中国の古典『荘子』に出てくる伯楽という人は、多数の馬のなかから名馬を見つける資質能力を有していたという。同書のなかでは「千里の馬は常にあれども、伯楽は常にはあらず」と表現されている。

学術研究上のセレンディピティの具体例を挙げると、ある植物学者のケースだが、この先生は、あるとき山道を歩いていて石に躓き、転びそうになったとき、たまたま手で摑んだ一本の草が、よく注意して観ると、これまで学界でも知られていない新種の植物だったという体験をした。もし躓かなかったら新種発見には至らなかったわけである。しかもこの先生はこのときが初めてでなく、過去にも似たような経験をしたそうな。とにかく植物学者としては、大変に幸せな人で、こういう人を僕らは典型的なセレンディピティの持ち主と呼んでよいように思う。

以上の意味で、セレンディピティに長《た》けている人は、ある種の勘の鋭い一種の知恵者と言ってよいと思われるが、とにかく人が何か良いもの（つまり価値物）に偶然にありつくためには、第一前提としては、いつもあちこちを当て所《ど》もなく彷徨《うろつ》いていることが大切であろう。彷徨くと言うと少し聞こえがよくないが、英語で言うとroam、つまり精神上の徘徊、散策活動をしていることが必要である。つまりゆとり。前節で触れた「哲学の道」ではないが、精神を自由にワンデルングさせる状態に置いていることが肝要ということだ。

幸運を手に入れるのに必要なこと

第二に、外からはただ茫然としているように見えても、チャンスと見たら、それをその場で機敏に摑むことが肝要である。野生の動物などでも、ただじっとしているように見えても、目とか鼻とかの感覚器官をいつも鋭敏に働かせて、獲物が自分の射程に入ったら間髪を入れず跳びついて捕まえる機敏さが要る、というわけである。じっと静止しているカメレオンの舌は一万分の一秒で射出されるということだ。

僕は、かつて南米のアマゾンで、マングローブの湿林のなかを小さいボートで移動していたときに、突然頭上の枝が動き、飛んできた一羽の鳥が長さ二メートルくらいの大蛇にいきなり取り押さえられる瞬間に遭遇して、大変驚いた経験がある。その激しい格闘の直前までは、僕の頭上のジャングルはまったく静まり返っていて、ボート上の僕らは頭上の枝にそんな大蛇がとぐろを巻いてじっと潜んでいることには、まったく気が付かなかったのである。そして、わが頭上の蛇は、すぐ側に鳥などが来るまで何時間も気長に、誰にも気付かれないように、じっとしていたのである。一瞬の惨劇であった。

アフリカ赤道直下の沼などでは、不恰好なハゲコウという巨鳥が、死んだようにじっと佇立しているのをしばしば見掛けるが、彼らも自分の脚下に魚がやってくるまで何時間も不動の姿勢でいて、しかも矢庭に水中に跳び入って、間髪を入れず獲物を摑むのである。幸運を手に入れるには、忍耐と辛抱と、そしてとっさの行動力が要る。以上は、生物界におけるその好例である。彼らには一種の特有な知恵能力が備わっている。

動物と同じく、こうしてセレンディピティ運のある人は、普段は悠々としているようでも、邂逅の機会を見付けると、素早くそれを我がものにしてしまう一種の情報力というか判断力を有しているように思える。したがってセレンディピティとは、ただ偶然に巡り合う幸運能力だけでなく、一般の人が見放したり、あるいは見逃してしまうものを、巧みに咄嗟に見付けて、それを我がものとして活用する特異能力のことと言える。和訳するならば、やはり偶然力という訳語では不十分で、少し難しい訳語でも邂逅力と呼ぶべきように思われることである。

こういった偶然の幸運を巧みに摑んだ経験成功談は、ノーベル賞などを受けた科学者の体験談にもしばしば出てくることは、先立つ章でもいくつか見た。学者たちのそういったセレンディピティ体験実話をまとめたような書物もいろいろ見られる。実験の途中で助手が誤って試薬の分量を一桁間違えて一〇倍入れてしまったところ、思いがけない反応が出て、それが新しい画期的な研究展開に繋がったという話。たまたま出席した学会で、間違った発表会場に紛れ込んでしまったところ、たまたまそこで聞いた研究発表者のスピーチの内容が、自分の目下の研究にとって、まったく新しい方向への大きなヒントになったという話、等々。セレンディピティにまつわる具体的な例話には事欠かない。

ただ、セレンディピティという現象自体がそうであるためか、法経系とか社会・文学系の学者や研究者は、この語をあまり持ち出さないようである。第一、この語を知らない学者が少なくない。ということは、彼らはセレンディピティに遭遇する体験を日常もっていないのであろうか。それに対し自然科学、ことに医学・医療などに携わる人たちは、偶然に巡り合う実験の場をいつも身近にもっているためもあろうが、彼らにはセレンディピティの語が、ごく身近なようである。[*4]

Ⅳ章―5

知恵のさまざまな形態

この節では、先の諸節で書き漏らした、人間の知恵のさまざまな形態、あるいはその現れる姿の幾つかについて、若干考察を加えてみたい。

これまでの章でも見たように、人の知恵には、天才人の出す「後世に残るような大きな知恵」から、普通の人が日常座臥の場で「普通に思い付く、ちょっとした刹那的な才覚のような小さな知恵」まで、さまざまなレベルのものがある。しかしそれら大小の知恵に共通して見られる特徴は、人間の頭脳が突然に、あるいはとっさに閃めく瞬間にそれが生まれるものだという点である。閃めき現象は、人間の精神が緊張しきった状態にあるときとか、逆に精神が弛緩しきっているときには出てこず、精神の緊張がまずあって、しかもそれが何かの拍子に緩む刹那にひょっと出てくることは既述した。したがって人が知恵者として生きたいならば、自分の精神をなるべく恒にそのような起伏状態に保つよう努める工夫が必要であろう。心の緩急が、常にうまく調節できる状態を保つ、と言い換えてもよいと思う。

そこで、話の切り口をやや移して、こういう話題を出してみよう。僕らがしばしば使う言葉である**ユーモア**（humour）とか**ウイット**（wit）とか、日本語なら**機転**とか**頓智**とかについて、次に考えてみたい。ユーモア気のない人とか、機転の利かない人は、付き合っていても楽しくない。なぜであろうか。

ユーモアとかエスプリ、機知とか頓才とかは、いずれ人の精神上の余裕《ゆとり》を示す現象の一種である。またジョークや洒落とかも、深刻に思索したり、真面目くさった議論をしているようなときには口をついて出てはこないようで、肩の張らない会話とか講演とかの雰囲気のなかで、話者の口から軽く飛び出してくる性格《たち》のものである。その点では、ユーモアやウイットの類は、かなり上質な知恵の瞬間的な発露のようなもの、と考えてよいように思われる。

僕の友人仲間を思い浮かべても、ユーモアのある人、洒落の巧みな人は、概して知恵人であり、常日頃心の裏に余裕をもって生きている人物である。とくに日本語だけでなく、日本人で外国語で洒落などをタイミングよく吐けるような人は、かなりの教養人間か、ないしは余裕人間と言ってよい。残念ながらそういう雰囲気の応酬を楽しめそうな日本人は、僕の知人にもそう多くはいない。逆に日本語で巧みな戯語を飛ばしたり、うまい皮肉を言ったりする外国人を挙げるならば、イギリス人の社会学者のR・P・ドーアという人を思い付く。かつてテレビで彼と対話をしていて機転の巧みさに感服した経験がある。[*5]

●———ユーモアは個性的表現の発露である

僕がユーモアとか機知とかを知恵の一亜種だと高く評価する所以は、それが人真似でない、その人の個性的表現の発露であって、しかもそれが人間関係をスムーズにする潤滑油になると考えるからである。その意味では、外交官とかセールスマンなどの職業人にとって、ユーモアの才があることは、とても大きな武器だと思われる。日本人には駄洒落を言ったり、詰まらない冗談を連発する人はときどき居るけれども、その場に相応しい上品なユーモアや巧みなウイットを飛ばすことのできる人は、至って少ない気がする。それに対し、長い歴史をかけ、世界を股に掛けて国際政治を牛耳り、貿易商活動などを経験したせいでもあろうが、イギリス人には、一般庶民に至るまで、ユーモア会話に長けた人が少なくないようである。ロンドン市中のパブなどで、現地人の会話の輪に囲まれて聴き耳を立てていたりするとき、そのことを僕は強く感じる。わが国の一杯飲み屋での、日本人サラリーマン同士の間で交わされている会話の雰囲気とはだいぶ違う。一般に、他民族や異文化の人たちとの文化接触経験の長い民族は、概して異民族間の交渉事や外交駆け引きの知恵に長じていることは確かである。わが国民性については「甘えの構造」ということが言われるように、日本人は他者との交渉の場で、甘え戦術を濫用しがちであるが、日本とは対人文化を異にする民族との交渉事では、甘え戦術は通用しない。

なお、言語における軽妙洒脱で、辛辣な言葉を当意即妙に操るエスプリ豊かな表現は、これを外国語に移して通訳することが、しばしば不可能なことは申すまでもない。逐語通訳と文化通訳とは、まったく別なものである。僕の旧い友人に文化通訳のうまい男がいて、彼はジョークを連発するアメリカ人の講演などを、まことに巧みに通訳する。こういった当意即妙の知恵は、半ば本人の天性によるもので、誰もがいきなり出るものではない。知恵というのは、単なる知識の転写ではないのである。

アドリブは突然閃めく一種の知恵

ユーモア論でいささか道草を食ってしまったが、その序でに、**アドリブ**（ad lib）とか**即興**（impromptu）のことに若干触れておきたい。アドリブとは、芝居や演説などで、あらかじめ台本にない台詞や文句などを即興的に挿んで喋る、その即興辞のことである。それは喋り手の頭に突然に閃めく一種の知恵である。その点では、アドリブはユーモアと性格が大へんよく似ている。

一九五〇年頃、「日本航空」が定期便を飛ばし始めた頃の僕の思い出であるが、その頃はスチュワーデスたちの機内アナウンスの台詞が、現在のように定型的でなく、アナウンスの内容はともかく、表現はかなり自由で、アドリブ的だったような気がする。ことに英語のアナウンス表現は、かなり即興的だった記憶がある。というのも、当時のスチュワーデス嬢には、米国現地仕込みの英語を巧みに操る若い女性もかなりいたようで、同じ機内の放送内容でも、人ごとに違った言い回しをしてくれて、聞いていてもなかなか楽しかったものである。今の機内員は、その点ではまったく定型的な語り口しかしない。そう指導されているのか、命ぜられているのであろう。

ただ、アナウンスを聞かされている僕ら乗客の側からすると、何度も乗って、いつも同じ定型表現を聞かされていると、退屈というよりも、内容自体がそもそも耳に入らなくなる。飛行機の場合に限らず、およそ警告アナウンスなるものは、いつも同じ紋切り型の表現で繰り返されていると、（親や上司の小言ではないが）耳に入らなくなるのは当然のことである。喋っている側では、それで警告者としての責任は果たしたと思っているのであろうが、その効果のほうは別である。いかにも知恵のない話と言わざるを得ない。

およそ物事をすべて定型的なやり方で繰り返す方式は、機械的なマスプロ作業のような場合はともかく、人・対・人のような対人関係を継続的にうまく進めるには適したやり方ではない。そこにはそれなりの知恵、工夫が要る。

機内アナウンスの場合も、外国の飛行機（とくに家庭的な小さい航空会社の便など）では、気の利いた個性的なアナウンスをして乗客をうまく笑わせるスチュワーデスに、ときどきぶつかることがあった。乱気流で機が揺れたりしたとき、巧みなジョークで客の緊張を解いたりする。これは恐らくマニュアルにある台詞ではあるまい。

朝鮮民族は、そういう点で、日本人よりも物事のやり方が良くも悪くもアドリブ的で、良い点で言えば、満員の乗り物のなかでの車掌の即興なども、「今、わが韓国では人口が減っています。赤ちゃんは民族の宝です。どうか妊婦の方へは席を譲ってください」などとアナウンスしている。日本人でこんな洒落を即興で言える車掌はまず皆無であろう。フランスのテレビ放送なども、(だいぶ前の話であるが)報道局のビデオが故障したときなど、待機している美人アナウンサーが画面に出てきて、気の利いたアドリブで場をうまく繋いでいた。日本だったら、アナウンサーがただ大真面目に、謝り文句を繰り返す仕儀となる。そうしなかったら日本の視聴者から苦情が殺到するであろう。フランスの視聴者の場合だと、詰まらない番組に出会した場合など、「故障しないかなぁ」などと言ってふざけている。

以上のように見てくると、ユーモアとかアドリブとかいうものは、民族性ごとに、かなり内容や表現の仕方が異なっていることが判る。日本人の場合は、すべての物事に緊張し続けで、呼吸《いき》苦しい。僕が学生の頃法学部の教授に尾高朝雄という人がいて、日本人は「天孫民族」だと言われてきたが、実は「テンション民族」だと言っていたことを改めて思い出す。

とにかく、関係する人びとの間に心の余裕《ゆとり》のあることが前提である。こういう余裕の大切さは、幼少時の家庭教育とか学校教育とかで、日常的に育まれることが望ましいであろう。日本の社会は、その点であまりにも画一化し、同質化してしまっているようである。挨拶文なども画一で済ませる風潮が弥漫している。

節の結びに一言。閃きというか、知恵や頓知は、人間が切羽詰まった状況に立ったようなときに突然出てくるもので、それがその場をうまく収めることに役立つ。

平安時代、たしか歌人の曽根好忠だったと記憶しているが、彼の仕えていた主人が夜分に酔っぱらって、ある貴顕の家へ雪崩込み、相手をひどく怒らせた。そのとき、その場で巧みな和歌を詠んで、かえってその家の家長《あるじ》から褒美の品を貰った、という話を読んだことがある。人は動転したようなときに、なお心の余裕を失わないことが肝要である。好忠という人は、性格が一風変わっていたものの、和歌の上では当時の歌壇に新風を吹き込んだことで知られている。ユーモア心のある歌人と言える。知恵は、このように普段というか、平素の心の持ちようが肝腎で、それが何かのときに突然表れるのである。

平生の心掛けの大切さということは、知恵に関してだけではなく、人生のあらゆる場に臨んで大切な徳目であるが、ここでは以上の叙述にとどめる。平生の心掛け一般の大切さについて書かれた書物は少なくないが、ここでは、古い本だが、次の二冊を掲げておく。

　小泉信三『平生の心掛け』（一九五三年）、森鷗外『智恵袋』（一九〇三年）

いずれも古典的な名著なので、いろいろな形で市販されているが、どちらも両氏の全集には収められている。

IV章—6

勘は日本人に固有な知の形式

先の二節で、知恵に直接関係の深い概念として「閃めき」とか「セレンディピティ」とかについてそれぞれ考察したが、知恵の源泉を表す言葉として、日本には古くから「勘」という言葉がある。この節では、この勘について考察してみる。

勘とは、何を指しているのであろうか。勘と似た類似の英単語を求めてみると、まずintuitionという語に思い当たる。ただ、どうも日本語としてしっくりこない。intuitionとは、ふつう日本語の直観（力）とか洞察（力）といった意味に相当し、ラテン語のintutio（考察、熟慮）がその語源らしい。哲学の世界では、よく術語として使われる言葉である。またほかにinstinctという単語もある。これも似た語源で、どちらかというと人の本能的な衝動のようなものを指している。日本語の勘とは、やや意味が遠い。また英語には神学世界の用語でinspirationという単語がある。霊感とか、多少世俗的には精神上の感動の意味で使われる言葉であるが、これも日本語の勘からは、かなり意味が外れている。勘のほうは、霊的世界よりも俗世界的な、かつ肉体で感得した知恵のような含みがあり、一種の日常知を指している。

このように勘は、多分に日本人的な用語だから、勘について考察した洋書は当然見当たらない。合理的な科学を発達させた西洋人が、勘のようなものを重要視しなかったとしても当然である。ただわが国では、第二次大戦前の京城大学に黒田亮という心理学者がいて、もっぱら勘についての論理的、文献的、さらには実験的な研究をしていて、その成果を書物や論文で発表している。それらをまとめた主著に『勘の研究』（一九三四年）、『勘の研究　続』（一九三八年）がある。近年は講談社から学術文庫で復刻され、版を重ねている。

読者が勘について深く勉強したかったら、まず黒田の労作を繙くことを奨める。そこでは、勘は一種のインスピレーションのようなもので、意識せずして身体が動く、また判断するものとして捉えられている。勘とは、身体で、人が体得する知恵ということである。

勘については、もう一冊、中山正和の『カンの構造』（一九六八年）という題の書物が、中公新書で上梓されている。「発想をうながすもの」という副題が付いていることからも判るように、心理学者のような科学者ならぬ電気通信技術者の中山の眼から見た勘の考察である。勘は、S・フロイトのような心理学者、神経病理学者の立場で研究するのではなく、I・P・パブロフのような「脳の信号系」の考え方で説明するほうがずっと理解しやすい、というのが著者の物理学出身者としてのスタンスである。中山は大学で物理学を学んだあと、電電公社の電気通信研究所で仕事をし、本人は自身の職業肩書を「創造工学の専攻者」だと称している。

上述の黒田が、仏教的な言葉で西洋流の心理学を読み直し、

〝識〟という意識的なもの

と、

〝覚〟という自証的なもの

とに分けて、そのうえで勘を理解しようとするのに対し、中山は、人間の思考を非論理的な第一信号系と、論理的な信号系とでモデル化し、人は三歳までに脳の基本回路ができあがるとして、それを本人が巧みに使うと、使い方によっては何十倍も人の知的能力は向上しうるとしている。

ただ黒田にしても、中山にしても、勘なるものの説明に終始し、「人はどうしたら勘を高めることができるか」の実践的な指針については、ほとんど言及するところがない。学者の立場としては尤もである。

勘を磨くための心掛け

専門家ならぬ僕らは、素人的には勘は次のように、まず二つの類に分けて理解するのが判りよい。第一類は、勘とはまず脳の一種の「察し能力」である。「あの人は勘が鋭い」とか「第六感が働く」とか言うのがそれで、これはどうも前節のセレンディピティと同じく、多分に個人の生得的な体質に属するもののようであり、訓練によって高められる余地は多くない。そして第二類は、役者

とかスポーツ選手などの、「身体で捉える運動神経能力」のようなそれである。これも半分以上は持って生まれたものだろうが、本人の努力や工夫により「磨く」ことはできるし、また職業人ならば、当然大いに磨く必要のあるものである。

この第一と第二とは、むろん勘の不可分の要素である。上述の黒田の本には紙幣数《さつ》えの名人の話が出ていて、その人は数百枚のお札を目にも止まらぬスピードで数えて、しかもそのなかに精巧な偽札があったりすると、その場ですぐ見破ったという。熟練の結果と言えばそれまでであるが、誰にでも達せられる境地でもないようだ。

人が勘を磨くために心掛けたい条件として、考えられる事柄を思い付くままに列挙すれば、第一は、平凡なことのようだが、勘の力を保つためには、体調を常に整えておくよう日夜努めることであろう。過度の疲労、風邪、発熱などは禁物である。何か心配事があるような状態でいるのもまずい。平常心を保てないようでは、勘はとても発揮できまい。また集中力も湧いてこないであろう。勘の重要な要素である、肉体の機敏な動作とか頭の判断などは覚束ないことである。相手の出方とか、目的物の状態とかを、素早く、いち早く読んで、間髪を入れず対応する。そして機先を制して相手の先手を打つことは、勝利の要諦である。剣道などを考えてみると判りよい。

第二には、精神集中力を養う訓練を怠らないことが挙げられよう。勘が東洋流ないし日本流の知恵の現れの一形式だとするならば、西洋流の修道院や教会での瞑想などよりも、東洋流の座禅などに励むのが、多分精神集中に良いであろう。僕は、脚が悪いこともあって、参禅などというものを体験したことがないのは、甚だ残念である。宗教行事には音楽が付き物であるが、西洋流の賛美歌とか、仏教の声明《しょうみょう》（和讃など）とかは、精神の高揚には役立つかもしれないが、勘を研ぎ澄ますのに役立つかどうかは、多少疑問である。

第三に、勘にはいろいろな種類の勘がある。いわゆる五感をいろいろ組み合わせて働かす感のほかに、五感以外の「第六感」的なものも無視できない。この種の勘には、いろいろな種類のものがあることはⅢ・1節でも説明したが、ある種の感とか勘とかは、人よりも他の動物のほうが優れているものもあるようである。

同じ勘でも、男の勘と女の勘、若人の勘と老人の勘、研究者の勘と技術家の勘などとは、それぞれ異なるであろうし、それは当然で、それらは互いに補完しあってその効果を発揮すると考えられる。このことは次の章で述べる。

知恵を借りるのも知恵

ただ僕は、すでにここまでの章でも述べたように、人は自分単独の努力で知恵力を発揮し得なくても、その作業のかなりの部分は、他者（例えば親しい友人）の力を借りて、「知恵を出してもらう」ことはできるはずで、何でもかんでも自分一人だけの能力、勘力だけでやる必要は少しもないということに気付きたい。自分の知恵でできないことは、友人の知恵を借りてやる、ということもそれ自身立派な知恵だと言ってよいのではあるまいか。さればこそ、『徒然草』の兼好は、友人としたい人間の範疇の第三番目に「知恵のある友」を挙げているのである。軍隊で言うなら、将軍は自分自身で考えなくても、良い参謀をもっていればよいのである。ただ、良い参謀を使い熟《こな》すには、将軍たる者の側にもそれなりの力量が必要なのはもちろんである。

人は、他の人の知恵を借りるだけで済まないような場合、他の動物や植物の能力や知恵を借りることも考えてよい。犬は、人の二万倍も鼻が利くそうだから、税関は犬の勘を頼りに麻薬の摘発をやっている。戦前に聞いた話だが、潜水艦内の空気の汚れなどは、艦内に小鳥を飼っておいて、その動きを見て測るのだという。小鳥を狭い艦内で飼うことは、乗組員の心を慰めることにも役立ったという。それも知恵の一種である。大気の微妙な汚染などは、動物だけでなく植物の力を借りることなども考えてよいようである。

＊1　エジソンについて、さらに詳しく知りたい読者のために二つだけ文献を挙げておく。
N・ボールドウィン『エジソン――20世紀を発明した男』椿正晴訳（三田出版会、一九九五年）
浜田和幸『快人・エジソン』（日本経済新聞社、一九九六年）
前者は、発明家、企画家としてのエジソンだけでなく、人間エジソンについて広汎な描写を行っている。後者は親日家でもあったエジソンの、御木本幸吉など日本人との幅広い交流についても紹介している。

＊2　僕の小学校時代（昭和一〇年代である）には『子供の科学』という雑誌があった。「子供」といっても中学生レベルの少年層を対象にしていて、鉱石ラジオの組み立てなども、この雑誌を精読し、自分で部品など

も買い、手間暇かけて工夫仕事をすれば、自学自習でも、ラジオ受信機の完成品をこしらえることができた。当節のような、安易で興味本位の遊戯ゲームの諸手段が街にあふれている状況下では、『子供の科学』のような生真面目なジャーナルはなくなってしまっているかと思っていたが、同誌名のまま続いているらしいのは、慶賀に堪えない。

＊3　閃めきをテーマにした文献は、あまり多くないが、お奨めしたい文献として、次の一冊を挙げておく。

吉永良正『ひらめきはどこから来るか』（草思社、二〇〇四年）

この著者は、大学ではまず理学部・数学科を専攻ののち、哲学へ転じ、数理哲学畑の論文を数多く物している。筆の立つ研究者であるが、実証的な研究業績はないようである。本書の内容は、書の表題のように、閃めきとは何か、脳のどのような仕組みで人は閃めくのかを突っ込んで考えたものである。しかし、どうすれば閃めくかの実証手法については、ほとんど触れられていない。

＊4　セレンディピティについての文献としては、モートン・マイヤーズ著『セレンディピティと近代医学――独創、偶然、発見の100年』小林力訳（中央公論新社、二〇一〇年）がよく纏まっている。同書中に引用されている言葉としては、「予期せぬものに期待せぬ限り、決して真実を見付けることなどできない」（ヘラクレイトス）、「観察においてチャンスは、準備された心にのみ微笑む」（L・パストゥール）。

＊5　ヨーロッパ文化（とくに文学）におけるユーモアとかエスプリとかの伝統は古く、かつ幅が広い。それに較べると日本ではそのような歴史が浅く、かつ幅も狭い。ユーモアという言葉自体の意味なども狭く誤解されているようである。ここでは、その点をめぐって次の一書を参考文献に挙げておく。

河盛好蔵『エスプリとユーモア』（岩波新書、一九六八年）

テレビで人気のある番組として、落語家たちが即興で駄洒落を言い合う『笑点』という番組があるようだが、あの種の駄洒落は、本来のユーモアからは最も逸脱した低俗なものである。達者なユーモアのほうは外国語に移すこともできるが、『笑点』式の駄洒落のほうは外国語へ翻訳することもできないし、またその意味もない。

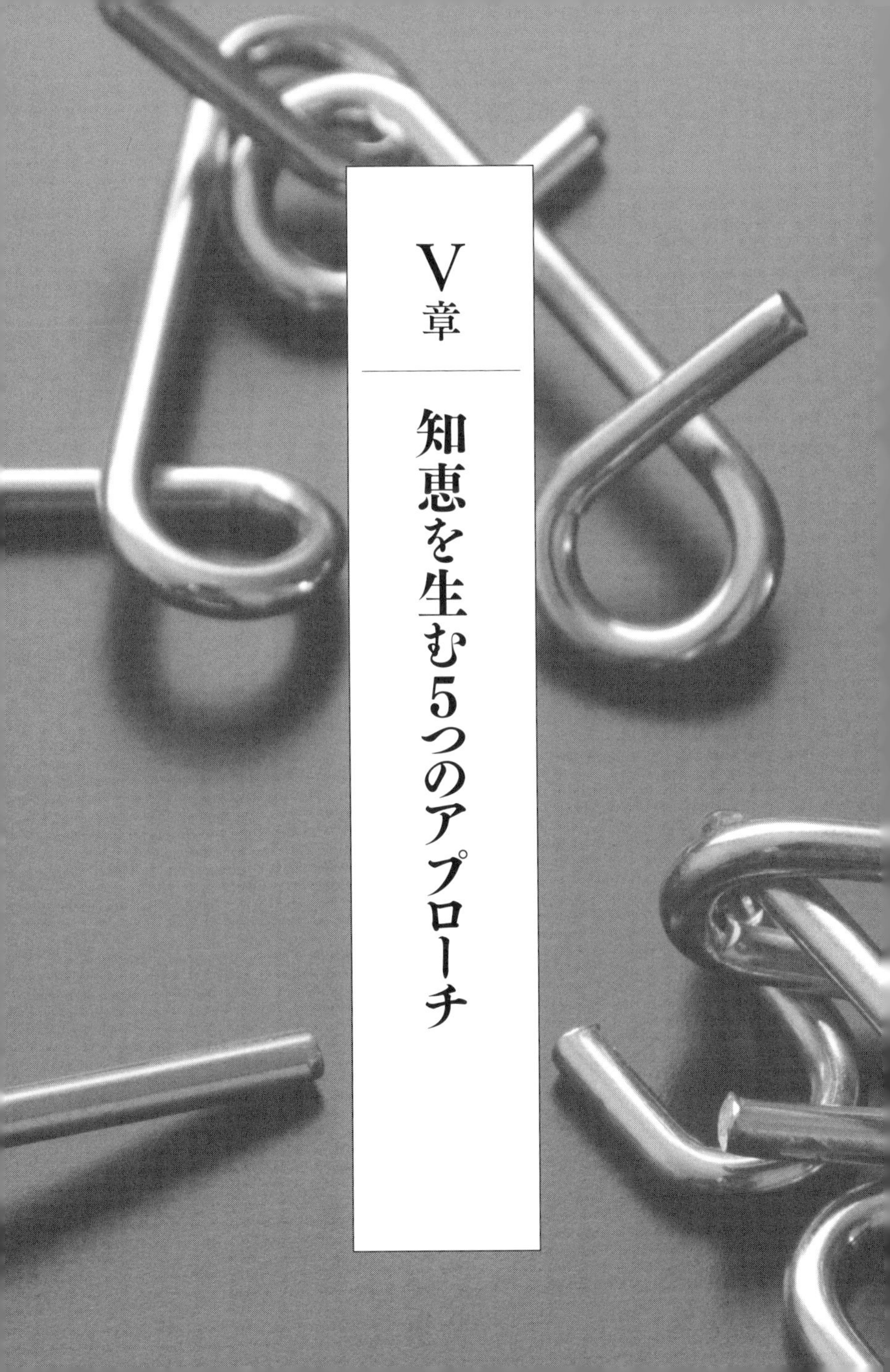

V章

知恵を生む5つのアプローチ

教育学、そして教育者の仕事は、学生々徒たちに対して、さまざまな体系的知識を伝授することはもちろんだが、それだけでなく、それらをどうしたら良質の知恵へ結び付けるかの途を、身をもって開発してやることが使命でなくてはならない。

送りにきた札幌農学校の卒業生たちへ向って、別れに臨む峠の上から"Boys be ambitious!"と一声叫んだW・S・クラーク博士のような人は、本当の意味での優れた教育者であったような気がすることである。博士の凜乎とした気魄が内村鑑三らの教え子たちをして、人生の知恵への途を感得させたのである。

V章—1

「問題解き」よりも「問題作り」の訓練を

前章までで、本書の主内容である本論的な部分を終え、以下の後半の二章では、各論とも言うべき応用編的なことを幾つか述べてみる。文章で言うと「起承転結」の「転」に当たる。

起しの章で僕は、子供向きの謎々について触れた。僕はそこで「謎々というものは、それを解いてみるよりも、それを作ってみることのほうが、はるかに知的で頭を使う楽しい作業だ」と述べた。詰まらない平凡な謎々ならば、誰でもいくつでもすぐに作れるが、やってみれば判ることだが、傑作の謎々を考え出すことは、大変に難しい。古典的に有名な謎々としては、

「初めに四本足で、次には二本足、最後は三本足で歩くものは何か？」

というのがあるが、こういう名謎々は、一生考えてもそう簡単には考えつくまい。そこで本節では、「何か問題を解く」よりも、「（良い）問題を作る」ことの難しさ、そして大切さについて考えてみたい。謎々作りだけではなく、一般の問題作りに関してである。

多くの人は、小学校から大学を卒業するまで、他者が出した問題に答える（あるいは、問題を解く）ことは、常にやらされてきたはずだが、自分で問題そのものを作成する作業をした経験は、まずないと思う。受験参考書も、種々の問題の解き方は説明しているが、問題自体の作り方のカラクリとか裏話とかには、ほとんど触れてはいない。そういった話題は、受験生にとってはあまり必要がないと思われているからであろう。しかし試験官の立場で自分が問題を作ってみると、その難しさや勘所などがよく判る。また、その面白さとか奥深さなども理解できる。とくに大学入試問題の作成などに実地に携わってみると、そのことは身に沁みて判る。

僕は長年、東京大学の教養学部というところに奉職していたし、また文部省（当時）の大学入試センター試験の出題委員長や審査員などを務めたこともあり、そのあたりのことはよく判っているつもりだが、全国数多くの大学の先生方にとっては、毎年一回まわってくる入試問題作りの仕事は、まことに頭の痛い作業であるらしい。謎々の問題作りどころではない。したがって有名予備校などへは、各大学から入試問題作りの注文がたくさん舞い込んでくるらしく、それで儲けている学習塾などもかなりあると聞く。これはまことにありそうな話である。大学の先生方にしてみると、自分の専門分野の研究をしばし其方退《そっちの》けにして、慣れない受験生相手の入試問題作りに取り組まなくてはならないのだから、そんなことに感《かま》けるのは、ひらに御免蒙りたいとの心理に傾くとしても、判らなくもない。ただ、そういう心理状態の先生方の首に縄をつけて、いやいや入試問題を作らせたとしても、良い問題などはまず作って貰えそうにない。ただ僕は、そうした考え方そのものには必ずしも基本的に賛同しない。というのは、普段専門的に学問の隅を突っついているような研究者たちにこそ、入試問題作りの機会を捉えて、自分の学問の世界を改めて大局的な眼で見直す縁《よすが》にしてほしいと思うからである。

●——問題作りのうまい一流の人

閑話休題。かつて『数学セミナー』という雑誌に、当時の東工大の数学教授の矢野健太郎が「問題の作り方」のコツについて連載記事を載せていたことを思い出す。この種の問題作成方法などに公開の場で論及した人は、矢野のほかには過去に一人もいないと思う。矢野は、いろいろな分野で発想の大変豊かな人で、数学者としても第一流の仕事をしたが、随筆や評論など専門以外の領域でも健筆を振るった。朝日新聞紙上に、一般読者を対象に「エレガントな解を求む」という題で連載記事を載せたこともある。[*1] およそ数学の問題の解には、スマートな解き方と、そうでないださい解法とが常にありうるからで、紙上には出題者である矢野本人も気付かなかったような解も紹介されており、矢野はそれらをいろいろ並べ論評していて、僕なども大変勉強になった記憶がある。なお矢野は、プリンストン大学に留学してA・アインシュタインの仕事に協力したこともあり、P・フランクの『評伝 アインシュタイン』(岩波現代文庫、二〇〇五年)の翻訳もある。矢野のような学者は典型的な知恵者型の研究者と言えよう。

ところで、何でもよいから何か「問題を作れ」というだけのことならば、誰でもある程度はやれると思うが、「良い問題」「精彩のあるオリジナルな問題」を考え出すことは、誰にでも容易にできるわけではない。「良い問題」の類型にはいろいろあるが、同じ正解でも凡俗の解とエレガントな解とに答えが岐れるような問題は、解答者の知恵の程などもはっきり判ることから、まずは「良い問題」の類型の一つであると思う。一夜漬けの丸暗記生徒にはとても歯が立たないが、深い思考力のある生徒には解ける問題も「良い問題」と言える。

僕は、大学教師たちの頭脳の柔軟さの程度は、期末テストの際、学生向けに彼らが作るテストの問題を一瞥すれば容易に判ると、常々言ってきた。優れた研究能力（独創力など）を持った教授たちが考え出すテストの問題は、記述式の問題でも、◯×式の問題でも、総じて含蓄に富む良い問題であるのに対し、凡俗の教授連が作る問題は、概して有り触れた、そして教条的な詰まらない問題（例えば、教科書に書いてあることを丸暗記しさえすれば満点を取れるような問題）ばかりだ。試験というのはすべてがそうだが、出題者と受験者との「知恵くらべ」なのである。

矢野のような、専門分野での研究者としても一流の学者は、大学受験生向けの入試問題を作らせても一流の教師であった。逆に三流の研究者は、専門家としても、教師としても三流でしかないようである。昔から「賢問－賢答」「愚問－愚答」という言葉もある。

僕は四〇年近く前、文部省の大学入試センターで社会科課目の初代出題委員長を三年間務めた。

そのとき出題委員として全国の国立大学から推薦で一堂に集ってくれた教授連は、いずれも学者として立派な業績ある人ばかりだった。彼らは事新しく説明などせずとも、高校教科書にサッと眼を通しただけで、その場で立ち所に優れた試験問題を作ってくれたことが思い出される。彼らは、単に研究者として良質の知識を豊富に持っていただけでなく、入試問題作成の場に臨んでも優れた知恵、工夫を発揮する力量を備えた人たちであった。そのときのメンバーのなかには、憲法学の樋口陽一（当時は東北大）とか経済学の猪木武徳（当時は大阪大）のような、当時は若く無名だったが、のちのち超大家に育っていった人も含まれていた。そのときの仕事付き合いが縁で、今でも彼らとは何かと交流がある。[*2]

問題の良し悪し

話を戻すが、「良い問題」にも「悪い問題」にもそれぞれ、さまざまな良し悪しタイプのものがある。「良い問題」の一つの類型としては、解答者に向けて何か具体的な場ないし状況を与え、それと彼の持っているはずの知識とをいろいろ組み合わせることでうまく解けるような、総合的な応用問題を挙げることができる。

簡単なその一例として、ここでもう一度、起しの章に掲げた「ガラス瓶の蓋開け」という設問に立ち戻って考えてみよう。この問題は、道具とか装置の類を一切使わずに、「固く締まったジャム入りガラス瓶の蓋を開けよ」というのであるが、これを解くには、読者が学校の教室で学んだ物理学（力学）のいろいろな知識とか、同じく学校の運動場や道場などで経験した体育実技での体験などをいろいろ思い出し、それら理論・経験の各知識を組み合わせて解くのが手順となる。内知と外知との総動員作業がそこでは求められるわけで、このような内知、外知の総動員発揮を解答者に促す（あるいは強いる）のは「良い問題」で、その意味ではこの「ジャム瓶開け」の問題はかなり「良い問題」だと自讃したい。読者は「ジャム瓶」を目の前に置き、過去の学生生活で学んだ各種の知識と体験を思い出しながら、暫くジッと瓶を見詰めていると、やがて解が浮かんでくるはずである。

以上を換言すれば、解答者が持っている外知を、脳内をあれこれ模索しさえすれば、それだけで答えがすぐ頭に浮かぶ類いの問題は、あまり「良い問題」ではない。テレビのクイズ番組などを視ていると、解答者がその場で即答できるようなタイプの知識試し（知恵試しではない）的な問題ばかりが出されているようだが、それらは総じて「良い問題」でないことは自明であろう。解答者の内知（つまり知恵）の程を試すには、解答者にそれなりに長い解き時間を与えてやる必要があるが、そういうやり方は、茶の間のテレビを前にして出演者の即答を期待している視聴者たちを念頭に置いたクイズ番組では到底無理であろう。大学の入学試験の場合も、解答者へは九〇分とか一二〇分とかの限られた解答時間しか与えられていないが、これは入試なるものの性格上やむを得ない。受験者の知恵の深さをテストしたいなら、本当は、三日も四日もの長い時間を受験生に与えて、多少難しい問題に挑戦させてみることが必要である。

以上の説明で、「良い問題」とはどのようなタイプの問題であるかが、読者もほぼ判っていただけたと思う。そういう意味での「良い問題作り」に、読者は知恵を絞って挑戦してほしい。

以上、主として、大学入試ならば数学のような科目の場合を念頭に置いて述べたが、次に社会科などの、いわゆる縦書き教科の出題の場合の「良い問題」条件について、考えてみる。この種の科目の試験問題では、通常は設問の冒頭に「前文A」のようなものがあり、次に「設問B」が続く形式のものが少なくない。このような問題の場合、出題者の腕の見せどころは、いつに「前文A」をどのような内容のものにするかに掛かっている。巧みな出題者は、この「前文A」の中に、「解答」を導くのに重要なヒント情報をさりげなく潜ませ、受験生が受験勉強などで学んできた各種の知識と、「前文A」の中で与えた受験生にとっての知識（いずれも外知）とを、受験生がその場でどのように有機的に組み合わせて解答を導くかを試す工夫をする。しかし受験生の多くは、「前文A」の内容を十分によく理解、咀嚼せずに、いきなり焦って「設問B」に取り付こうとするから、答えに窮したり、間違った答えを択んだりするのである（受験指導の先生のほうでも、「冗長な前文などは読んでいると時間を取られるだけだから、すぐ設問に取り付きなさい」などと、間違った指導をしている人があるらしい。これは誤った指導である）。出題者側としては、受験者があらかじめ持っている知識（つまり外知）の多寡だけを問おうとしているのではなく、彼のさまざまな既得の知識と、「前文A」が与えている新規の知識とを、有機的に組み合わせる知恵（つまり内知）の程をば試そうとしているのである。

以上で本節の説明を終えるが、ともあれ何か設問を出す場合、ただホワット（what）だけを問うような問題（「それは何ですか」式の問題）では、多分に平凡な、詰まらない設問に堕してしまうのである。それでは解答者の頭脳のなかにある知識の程を、単純に引き出すだけの問いに終わってしまう。これに対しホワイ（why）型、ないしハウ（how）型の設問（「それは何故ですか」「どのように」型の設問）は良い設問となる。別言すれば「次の問題に答えよ（answer せよ）」という形式の問題よりは、「次の問題を解け（solve せよ）」という形式の問題のほうが、概して解答者の頭脳の作業力を求める良い問題、工夫された優れた問題だとは言えそうである。[*3]

実物に触れよ。必ず現場を見よ

「臨場感」という言葉がある。僕たちは、現物に実際に触れたり現場に臨んだりすることで、話で聞いたり本で読んだりするのとはまた一味違う、新鮮な感動を覚えることがしばしばある。絵画のような美術品などでも、コピーで見るのと実物で見るのとでは、まったく違った印象を受けたりすることが常にある。音楽でも生演奏で聴くのと、録音で聴くのとでは感動が違う。人は何事も実物ないし本物に接したうえで判断を下すようにしたいものである。実物や現場にまったく触れず、又聞きの情報や紙の上だけでの知見で事態を論断すると、どうしても物の見方が上滑りにとどまり、事態の真相に迫ることが難しいばかりか、ときに物事をとんでもなく間違って論断してしまうことさえある。読む当方側の予備知識がない場合など、とくにそうである。

往昔の医者は患者を診るとき、脈拍や体温の数値を見るだけでなく、必ず患者の顔色の良し悪しとか、発声の強弱とか、患者本人に直接触れたうえで総合的な判断を下すのを常道としていたものだが、この頃の医者は多忙なのか、ときに患者の顔にさえ接することなく、ナース・ステーションに置かれたモニター画面で患者の病状データに目を通し、それだけで判断を下す傾向がしばしばあるようだ。医者の側からすればそれでよい場合も多分あるのだろうが、僕の眼から見ると、医者のこういう態度はどうも医療に携わる者の、患者との向き合い方として、どこかおかしいのではないかという気がしてならない。まして病気で気が弱くなっている患者の身になってみると、白衣の医者に直接一言声を掛けてもらったり、腕に手を触れてもらったりすることが、どれだけ安堵の気持ちを持たせるか知れないのである。

一国の経済状況を観察して企業人が決定を下す場合などもそれと同じで、政府や中央銀行の発表する統計数字類だけを機械的に眺め、それで目の前の生きた経済の動向を判断するのでは、一面的になるのを免れない。商店主の場合ならば、自店を取り巻く顧客の行動変化のようなものへも常に店頭で目を配り、街を行く人たちの具体的な動きにも注意を怠らないことが肝要である。僕の体験でも、ちょっとした顧客の動作が仕入れのヒントになることだってある。そういった総合判断は常に現場から生まれる。さらに情報があふれている昨今では、流布しているデータ自体に詐りのあるものが混じっていることも少なくない。態《わざ》と紛らわしい情報を流すダミー商法も横行している昨今である。

世界各地からあらゆる分野の記録データを募って載せるギネス・ブックという冊子があることは、

読者もご存じだろう。世界一背の高い男、世界一目方の重いカボチャなどを紹介しているうちは問題なかったが、近年は日本からは、世界一長い素麺とか海苔巻き寿司などという妙なものが載せられるようになっているそうだ。このギネス編集者が、「世界一長い一二〇〇メートル余りの滑り台」というものを載せたのだが、実はコンピュータ上で巧みに作画された架空の滑り台だったという。まんまと騙されたのである。従来、ギネス編集者は必ず実物にあたったうえで受理していたのを、この滑り台画像の場合に限って、どういうわけか実物にあたってチェックするのを怠っていたのである。

触れて試す重要性

実物に接することで事物を正確に捉えるよう努めることは、新聞報道とか学術報告の場合ではとくに大切で、孫引きの資料とか又聞きのデータとかに頼って記事や論文を作成するような態度は、発表者たる者は厳に戒めたい。僕の師の一人だったY教授は、引用は必ず二カ所以上の別系統の資料に依ることを常に訓えていた。イギリスの伝統ある『紳士録（Who's Who）』は当てになるが、日本の同類名鑑の記載は孫引きの記述も多く、しばしば当てにならぬとも、彼は常に言っていた。孫引きを見抜くには、本物に触れて試すしかない。

要するにすべての事象についての情報は、自分自身の眼ないし五官で実物を直接に確かめるだけの慎重さが欲しく、それができなくても、せめて相異なる二カ所以上の情報源でその真偽のほどをチェックするぐらいの努力があってよい。過去の文献や、既存の資料をただ寄せ合わせただけのレポートは、その意味でも欠陥を含んでいるものが少なくないと心得ておくべきである。現在事象のデータの場合、人は自分自身で実物に接するなどして、その真偽のほどを見届けることが可能であるが、過去の歴史データについては、人はもはや、その事象自体の真偽をチェックはできない。古人の書簡とか日記とかは、一般には確かな情報だと言われるが、それでもその時点の風聞や憶測などをもとに記したものは、当てにはならない。赤穂義士の動静を記録したものなどには、その種のものが少なくないという。

ただ、過去の史実データの場合でも、見る角度を少し変えるとか、別途な接近手段を工夫するなど、新規な知恵を動員して事実の実態に改めて迫ることは、必ずしも不可能ではない。最近は、過去事実の研究に関しても、在来のような文字資料だけでなく、その時代の絵画的資料とか器物類とかを側傍証拠とした新しい研究結果なども散見される。X線測定技術の進歩などで古資料の時代考証も正確に行えるようになってきているようだ。文字で綴られた文章資料だけが唯一最高の拠り所だという旧来の通念も、こうしてしばしば修正されようとしている。

学術研究に関するものだけでなく、およそあらゆる報文は、報告者が現場を直接踏んで書いたものは、文章の巧拙は別として、読んだときの印象が違う。実物に接することの最大の強みは、報告者が対象に直接ぶつかり、相手と肌でコミュニケーションを取って、その反応が見られる点である。自然現象の研究において、観察法よりも実験法が研究方法として優れている点もそこにある。自然科学系や技術系のレポート類の場合は、研究者本人の実験や観察の結果に基づいて書かれており、もし疑問点があれば過去のレポート内容であっても現段階で追試検証ができるから、さほど問題はないが、社会科学系のレポートでは、そこで利用されている既存資料や統計類の正確性、真実性は、現在時点のものといえども保証されているとは限らない。観察・実験作業を伴わない、書斎のアームチェアに座ったままで、既存の文献や資料をまとめるようにして作り上げた文章類は、内容の真偽はともかく、臨場感を欠き、読後の印象が弱いと感ぜられるのは、僕だけであろうか。

五官を総動員する

要するにここで述べたいことは、人が対象物に接するには、視覚や聴覚だけでなく、その五官を総動員して迫る努力をしてもらいたいということである。

すでに述べたことだが、ヒトという動物は、外部情報を受容するに際して、とかく視覚と聴覚による情報を優先的に採用し、この両感覚で物事を理解・判断し、それで済ませてしまう傾向が顕著である。そのためもあり、この両感覚に関わる媒体はとみに発達し、この二種の情報を保存したり再生したり、遠隔地へ伝送したりする手段もまた完備している。しかし、この二種の感覚以外の、嗅覚、味覚などで理解・判断したものの大きさや種類を表現したり、伝達したり、保存したりする手段は、極めて貧弱である。安田政彦著『平安京のニオイ』(吉川弘文館、二〇〇七年)という書物が僕の手許にあるが、それを読むと、僕らがイメージする宮廷中心の優雅な平安京とは随分異なった印象を受ける。眼でなく鼻で取材するとまったく違った歴史が見えてくる。カエルやヘビに取材させたら、平安京はきっとこの本のような内容になるであろうと思われる。

ヒトの先祖はもともとサルなどの仲間と同じく樹上に棲み、やがてサバンナへ下りてきて暮らすようになったという。樹上に生活している限りでは、視覚とか聴覚とかが大切で、嗅覚などはあまり必要ではなかったであろう。しかし地上に下り立って暮らすようになったら、遠方を見ることも大切だが、それにもまして、ヘビやカエルなみに足許の草原での嗅覚などが、加えて必要となったに相違ないが、生物としての人類はそこまで急速には進化しえなかったのであろう。

話題がややズレたが、ともあれ最近のように情報化が進展すると、実物を一切見ないで、遠隔地にいる人間が画像上だけで間接的にモノを理解したり、判断したり、まったく異なった出所のデータを無神経に繋ぎ合わせたりする傾向がますます強まることになるのは、ある程度まで止むを得ないとしても、第一次的な知恵の芽がそれによって縮退してしまうのではないかと、僕は危惧するのである。

V章―3

比較考察して初めて納得できること

「くらべる」という行動は、複数の対象物の中からどれか一つを選び出す場合などには必ず行われるが、そのような直接・実際的な目的とは別に、純粋な知的興味から複数個の物を並列観察ないし実験して、お互いの類似点や相違点を考察したりする場合にも常にしばしば行われる。単一個の物だけを眺めていたのでは発見できないことも、複数個を並べてくらべてみると、それぞれの特徴がよく摑める。Ⅲ・6節で、バルト三国をそれぞれ互いに比較する話を書いたが、くらべてみることで各国ごとの特徴が浮き彫りにされ、よく理解できる。

それゆえ学術研究などの分野では、比較学とか比較研究などと呼ばれる学問領域が古くから開けている。「比較法学」「比較心理学」「比較言語学」「比較解剖学」などと呼ばれるものがそれである。それらの学問のうちには、比較研究なしにはそもそも研究自体が意味を成さないようなものもある。

人が知的好奇心からモノAとモノBを比較考察して、両者間の異同を検《しら》べようとする場合、大き

く分けて二つのくらべ方がありうる。いずれも同一の尺度でくらべるとして、一つは、

A－Bのように、二者間を**引き算的にくらべる**（compare）やり方

もう一つは、

A／Bのように、二者間を**割り算的にくらべる**（contrasting）やり方

である。親子の身長をくらべるには前者のようなやり方を採るべきだろうし、イヌとネコとの体重をくらべるには、後者のようなやり方に従うべきであろう。

くらべる以上は、お互いが違っていなくては比較する意味がなく、しかもどこかで共通項のようなものがあればこそ、比較方法が採用されるのである。

したがって、何と何とを、どんな目的で、どんな方法で、くらべるかが、比較検討作業上の勘所になる。比較文学の場合を例に取ると、井原西鶴の作品を研究しようとする場合、これを滝沢馬琴の作品とくらべるのと、同時代のイギリスの作家であるD・デフォーの作品とくらべるのとでは、その文学研究的意味がまったく違ってくる。西鶴を馬琴や近松門左衛門などとくらべても、そこからは平凡な結論しか出てこないが、デフォーと比較してみると大変興味深い結果が出てくる。その点に着目したのは普通の江戸文学研究者などではなく、一橋大学で長年、西洋経済思想史を研究していた上田辰之助であった。彼は、当時の日英両社会の時代背景的相異の事実に着目し、それを踏まえて極めて透徹した比較文学的分析を行っている。その内容をここで紹介している紙幅は残念ながらないが、ぜひ上田の論文に直接眼を通していただきたい。*4

寺田寅彦の比較の視点

比較のための視座

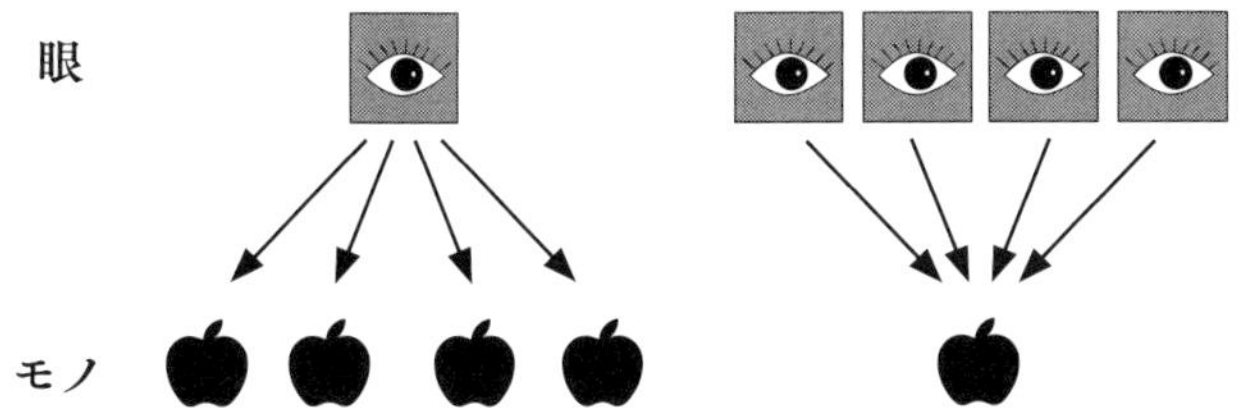

比較研究の要諦は、どんな目的で、何と何とを、どんな方法でくらべてみるか、にある。

人が幅広く、かつ奥行きの深い比較知を身に付けるには、双方の比較の仕方を併せて身に付けることが求められる。図の左は、一つの視座からいろいろなものを見くらべることを意味し、右はさまざまな視座から一つのものを見ることを示している。

比較の眼で諸々の事物を考察する面白さを教えてくれるものに、寺田寅彦の随筆群がある。寅彦の観察は、一方に透徹した科学者の眼があり、他方に柔軟な文学者の眼がある。ものを見るにあたって、彼は常に科学者の眼で卓抜な仮説を出しており、同時に文人らしい表現でそれを敷衍し、説明している。これに対し一般文人連の筆になる随筆とか随想文とかは、この「仮説提示」という視点を欠いた、単なる描写的なものが大半である。

次に寺田随筆のうち、比較考察の眼が光っているものを七篇だけ選び、その題名と比較の要点を挙げておこう。なお、この七篇は、いずれも岩波文庫の『寺田寅彦随筆集』に収録されていないもののなかから、態《わざ》と選んだ。というのも、『随筆集』の文人的選者たちがあまり重視せず、割愛したもののなかに、かえって優れた内容の作品があることを、敢えて僕は示したかったからでもある。

「ピタゴラスと豆」…この文では、ギリシャでも日本でも豆には何らかの呪力のようなものがあり、豆を忌む伝承があったのではないか、との考え方を東西比較して述べている。

「山中常盤双紙」…いろいろな仇討ち事件物語を比較して形式の類似点と相違点を衝く。そして仏教、キリスト教にも、人間の諧謔性要素があることを指摘する。

「夕凪と夕風」…夕凪がどのような自然現象と統計的に相関があるかを考察し、二つの有力因子を指摘する。この一文は、随筆の形を採っているが、内容は立派な学術論文である。

「雑記帳よりＩ」…オフィス入口の「姓名札」の汚れ方に人ごとの癖があること。同じ汚れ方の人は共通の型の人か、という仮説の提示。

「ゴルフ随行記」…寅彦自身はゴルフをやらないが、やらない人間の立場からの岡目八目。震災前と後とのゴルフ族気質の比較考察をしている。

「藤棚の陰から」（小篇いくつか）…いっしょに歩いている人の、相手の考えていることを言い当てる話。各種の草花を苛《いじ》めての比較実験の話。東郷平八郎大将の若いときの顔と、老年になってからの顔の比較論（若いときのほうが東郷らしく凛として立派。老年の顔は世間から偉人として期待され、本人は無理にそういうスタイルをしている）。

「箱根熱海バス紀行」…朝食の食卓で急に箱根行きを思い立ち、家族一同大急ぎで支度し出発。バスで箱根から熱海と一巡しての考察記。箱根山の北と南とを巡って、両地の人出や文化の相違点を五つほど巧みに比較記述。さらに帰京した眼で東京に対する新しい見方が湧いたことも。

この一篇は、寅彦が雑誌の編集者から俄に頼まれてあわただしく筆を走らせた文章のようにも見えるが、まったく予備知識なしに一日の間に見物したことの内容をよく頭の中に収め、それをきちんと科学者の眼で整理したところは見事と言うほかない。

僕は先にⅢ・4節で「文章力」を磨くことの大切さに触れたが、寅彦のこの種の文章などは、そのための勉強に大いになると思う。

寅彦の大部分の随筆は、文献的情報に頼るのではなく、彼自身の観察・体験がもとになってできあがっている。そして彼の観察眼の及ぶ範囲は、専門の理化学の範囲だけでなく、芸術（絵画、音楽）、言語（諸外国語も）などの諸領域に広く及んでいる。少なくとも寅彦自身は絵画（油絵）、音楽（バイオリン）は自分でもやっている。そしてそれらの範囲で、ちょっとした現象をも、素早くこれを見逃さず観察・記録して、そこから科学的仮説を提出しようと努めている。僕らは、別に随筆を書かなくてもよいが、学ぶべきはその日常探求的な姿勢である。

なお寅彦の作品は、僕が注意して読破した限りでは、科学、芸術についてはしばしば言及しているものの、宗教世界についてはまったくと言ってよいほど触れていない。哲学・宗教の世界については、概念、論理（言語と言ってもよい）が実証的に不明瞭だと見なし、寅彦はあまり触れたがらなかったようである。また彼は、歴史上の人物などにも一切触れていない。自分の眼や肌に直接触れていないものについては、一切論評しない方針だったのであろう。これも僕が感服し、賛同する点である。

なお寅彦は一種の天才の常として、私生活では癇癪持ちで、家人に当たり散らしたりすることも多かったらしいが、随筆を含む一切の書かれたものの上には、陽表的にはそれらしい片鱗はまったく現れていない。こういった性格は、多くの文士たちにもしばしば見られるようである。

比較から生まれる新しい知的世界

以上、寅彦随筆を例に挙げることで、学術研究の場でも日常世界の領域でも、人はさまざまな新しい知的世界を開きうることを学んだ。かく言う僕自身も、寅彦にはとても及ばないが、自分の研究経歴の中で比較手法を用いた文章を発表した体験がしばしばある。一つだけ思い出して例を挙げると、かつて静岡県立大に勤めていた頃、静岡県の伊豆（三島市）、駿河（静岡市）、遠江（浜松市）の三地方の各県民性が、同じ中部地方の北陸側を構成している越前（福井市）、加賀（金沢市）、越中（富山市）のそれらと、文化的、経済的（経営的）に対応するように極めて相似していること、また、なぜそのような相似現象が見られるのかを、統計数字をベースにした論文にして同地方の経済雑誌に連載したことがある。この一文は土地の経済人に大変面白がられ、二〇年以上経った現在でも、ときどき土地人の話題に上るようである。思うに或る地方に棲み着き、そこで経済活動をしている経済人たちにとっては、自分たちの郷土を、このような広い比較の視座から、データに基づいて説明してくれた学者は、恐らく絶無だったためであろう。

さまざまな分野を見回してみて、身辺の事物や現象を比較考察の俎上に載せて分析し、それを文章の形にまとめることは、オーソドックスな学者、研究者の世界ではあまり行われていないようであるが、やってご覧になると意外に面白い結果が出てくるはずである。

V章—4

視点を変えると景色も変わる

人が何か**もの**を見る場合、見る位置や角度を変えて見たり、立場を変えて見たりすると、同じものがまったく違って見える場合がしばしばある。また、心の持ちようとか、そのときの身体の状態とかでも、同じものがまるで別物に映ったりする。そういった話題でこの節は話を起こす。

同じ一皿の料理であっても、空腹なときと満腹なときとでは、人の眼にまったく違ったものに映るだろう。皿や箸を変えてみただけでも、食欲が変わってくるかもしれない。かつて昭和天皇に或るホテルの食堂がサンドウイッチを供したとき、サンドウイッチのパンを長方形に切ってお出ししたら天皇は手を付けて下さらなかったが、斜めに三角に切ったらすっかり召し上がって下さったという話を、当該ホテルのシェフから聞いたことがある。何でも宮中では三角に切ることはないのだそうで、天皇はたぶん、珍しくて手を出されたのだろうと、そのシェフは笑って語っていた。紅茶に添えるレモンの切り方や添え方なども、遇《あし》らい方法次第でだいぶ変わってくる。そこに人の知恵発揮の出番がある。

角度、切り口を変えよ

およそ人はモノやコトに接する場合に、紋切り型の見方、習慣的な接し方があるようで、普段とは見る角度とか接する切り口を変えたりすると、しばしば当惑するようだ。例えば、僕が読者に向かって、「真上から見たゾウの絵を描いてみよ」と注文すると、読者は恐らく当惑してお手上げするであろう。なぜなら多くの人は、動物園でもまたサファリでも、ゾウを横方向からでしか眺めた経験がないだろうからである（じつは、ゾウを真上から写真に撮ると、円いナスビのような形をしている。その写真を見せたら、誰もゾウだとは思うまい）。すべてのものは見る立場でこのように違って見える。ゾウではなくアリを描くときは、人は上から見たアリを描く。横や前の方角から見たアリは描かない。僕らが日常見慣れている果物なども、縦の方向から切るのと横の方向から切るのとでは、まったく別な相《すがた》を呈することは、ミカンを切って見ればすぐに理解されよう。

昔からの寓話に「群盲、ゾウを撫でる」というのがあって、三人の盲人がそれぞれゾウに触れ、鼻に触れた盲人は「ゾウとは柱のようなものだ」と言い、胴にさわった盲人は「いや、壁のようなものだ」、尾を引っ張った盲人は「ゾウは紐のようなものだ」と言い争った話がある。ゾウを上から見た経験のない現代の都会人たちは、この三人の盲人を決して笑うことはできないはずである。

以上の例で判ることは、人は何かを突っ込んで理解しようとするときには、角度とか切り口とかをさまざまに変えてアプローチすることが、必要かつ有意義だということである。ゾウの例では、見る方向を変えてみることがこれに当たる。立場を変え、状況を移してみると、同じものでも違った相を見せる。以下、そのような事例をいろいろ挙げてみよう。

よく言われる例としては、過去の歴史を繙くときは勝者の立場で書かれた歴史書だけでなく、敗者の視点からのそれも併せて読むことが必要だ、という訓えがある。同じように、人が商品を見るにあたっては、作り手の眼、売り手の眼、買い手の眼のような多様な視点が欲しい。大人の眼、子供の眼も必要である。子供は大人が存外気の付かないようなところをちゃんと見ているものである。「家の中を掃除し片付けるときは、来客の眼でチェックせよ」と訓えられたことがある。いきなり他人の家へ入ってきた来客は、家人の気が付かないあらに直ぐ眼が行くのである。

固定的な見方から自由になる

一般に人はものを見るとき、どうしても固定的な見方に縛られてしまう。縛られていることを示すもう一つの興味ある例を、次ページの図でお目にかけよう。僕らは地図上で東西南北を表現する場合、一般に図の左のような描き方をする。しかしチベットのある地方では、右のように、東と西とを反対に表現するのだという。これは決して間違いなのではない。というのは、左のような描き方の地図は、天空から地上方向を俯瞰して描かれた、鳥の眼の立場からの図であって、普通の人間は並べてこのような鳥瞰図的に描かれた地図に慣れている。しかし鳥や人でなく、地下に棲むモグ

鳥の眼とモグラの眼

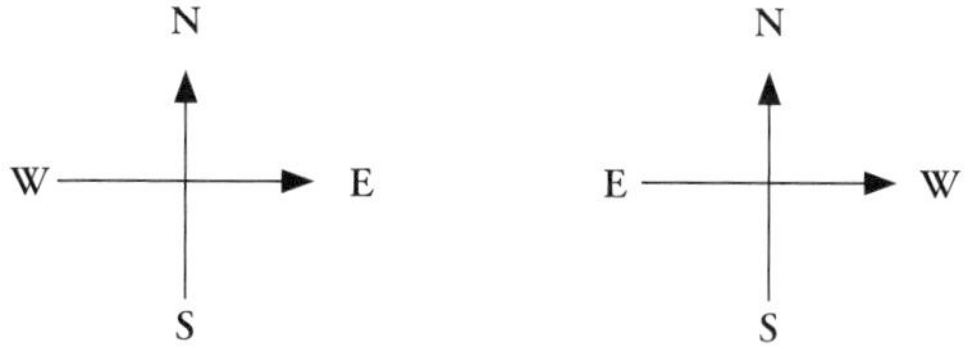

鳥瞰図　　土竜図

ラ（土竜）の立場で地図を描いたとしたらどうなるであろうか。そうすると左とは東西方向がまったく正反対の、右のような地図ができあがるであろう。僕たちがモグラに道を訊ねたとしたら、きっと東西を逆に道を教えてくれるに違いない。チベットの国土は、その四辺を高い山に囲まれ、人々はその底の盆地に暮らしているから、モグラの心境になっているのであろうか。

　人間は、自分の都合や立場で、雨が降ると「天気が悪い」と決めつけるが、カエルの心境を察すれば、雨が降るのはたぶん「天気が好い」と言うであろう。人間にしても、山野を歩いて自然観察をするような体験をしたら、晴れを好天、雨を悪天とばかり決めつけてはいけないことを悟るはずである。晴れにも雨にもそれぞれの良さがあり悪さもある。季節を移し、時間を変えて見ることで、自然はさまざまな相を見せてくれる。そこが自然の面白いところでもある。兼好法師も「折りに触れて、何かは哀れならざらむ」と述べている。実利的に言っても、キノコやタケノコは雨の後に多く顔を出してくれる。およそ立場を変えると、ものの価値はまったく違って見えてくる。

　世に言う骨董品などの掘り出し物発見も、「立場を変えることで見出される」場合が少なくない。多くの人の視点では何の変哲もない、有り触れた日用品の古い壺とか皿とかが、見る人が見ると千金の価値があるものに化けるのである。この例はⅣ章のセレンディピティの節でも述べた。

V章—5

数値化、計量化してみよ

天気の予想などばかりでなく、食品の成分のようなものに至るまで、昨今は何事も数値化したりグラフ化して見せないと、人は承知してくれないご時勢になってしまった。大学で長年、統計学のような科目を教えてきた僕のような者にとっては、嬉しいような、また嬉しくないような想いである。しかし、人間がさまざまな事象類を数（number）と量（quantity）で表すようになったのは、人類の歴史の上ではごく新しいことである。

西洋諸国の場合、近世に入ってG・ガリレイは「測り得るものはすべて測り、測り得ないものも、これを測り得るようにしよう」と言った。何でも数量化しようという思想ないし風潮が、こうして科学の世界に漲るようになった。これは航海、天文などすべての分野での観測技術の進歩・発達がその背景にある。したがって西洋でも中世頃までは、物事一般を押し並べて数量によって表すなどといった考え方は、日常世界ではおろか、学問の世界でさえ、あまり一般的ではなかった。古代ギリシャ・ローマ時代に著された古典の類を広げてみても、幾何や代数の理を解く書物は別として、文学や哲学の古典のなかで数字を鏤《ちりば》めて事象を説明する文章記述は、あまりお目にかからない。本邦の古典ならば、なおさらである。

むろん人々が、商いに際して穀物や油脂などの数量を示したり、木材の本数や長さなどを表示するような場合は別で、そちらのほうはエジプトやバビロニアの大昔から、文化圏ごとに独自の度量衡が存在していた。暦や度量衡を公定することは、帝王など支配者の権利でもあり、責任でもあったのである。わが先祖の場合も、尺や枡は時の権力者が公定していたようだが、本邦の場合、一般の家屋とか船とか城郭とかを造るにあたっても、職人たちは墨縄などのメノコ的なあやふやな道具を使う程度だったらしく、西欧人のように六分儀やクロノメーターを工夫して、それで遠洋へ船を乗り出すようなことまでは考えようとはしなかった。

したがって洋の東西とも中世頃までは、日常諸現象の細々としたことまで精密に計量的に表現することは、積極的には試みられなかった。僕らの小学校の成績などの評価にしても、明治以来大雑把に「甲、乙、丙、丁」で表示し、それ以上に細かく点数などで表示することはやらなかったし、また求められもしなかった。江戸時代には高等数学に近いような和算術が、市中の町人（層）のあいだにも一種の芸事として流行ったようだが、世知辛い商人世界の算盤勘定は、それとは別世界だった。ただ、徳川初期にベストセラーになった算術書の『塵却記《じんこうき》』などには、わざと難問化した、商業算術的な計算問題が載ってはいたようだが、それらは、日常実用的な動機のものではなかったと思われる。

近世の西欧にあっても、天文・航海などの自然科学・地理領域ではともかく、社会・経済現象を数量化して表現し、論《あげつら》うことの起こりは、同じ一七世紀でも漸く最終段階に入ってからである。その嚆矢に位置付けられるものの一つは、W・ペティの著作『政治算術』（一六九〇年）であった。ただ彼といえども、もともとは理医系の研究者として身を立てており、初めから経済のような現象を、研究者の立場で数量化して分析しようとの志を立てて、学問世界へ入ったわけではなかった。彼は市民革命の直後に生まれ、イギリスからヨーロッパ大陸へ遊学し、そこで医学や数学を学び、世紀の中葉に帰国してオックスフォード大学の解剖学教授の地位に就いた。その彼が経済現象の数量的研究へと関心を寄せるようになったのは、O・クロムウェルのアイルランド派遣軍に従軍して、そこで収奪地の測量や土地分配の仕事に従事し、土地や人口の調査を試みたりしたことが直接契機であった。彼は専門だった解剖学の思想をぱ、人体のそれから社会のそれへと振り向け、『アイルランドの政治的解剖』を著し、その考え方をさらに上述の『政治算術』へと結晶させたのである。

社会現象のうちでも、人口、租税、賃金などの経済諸現象はもともとが数量的な現象であるから、経済学の一部は時代が下るにつれ、数量的科学へと次第にその様相を変えていくことになる。計量経済学（econometrics）がそれである。経済学古典の嚆矢に位置付けられるF・ケネーの『経済表』（一七五八年）は、二〇世紀の経済学の主要分析手段の一つである投入・算出分析の基となった。ケネーもまた、上述のペティと同じく、もともとの出自は医学であり、ルイ一五世の侍医を務めた人物であった。彼がその目を経済の研究へ向けるようになったのは晩年の六〇歳以降で、その点でも彼の経歴はペティと極めて相似的である。ペティの場合は「解剖」が原点であったが、ケネーの場合は「循環」が構想の源となっている点も面白い（なお『理科年表』を調べると、A・ヴェサリウスが人体解剖などを行った年は一五四三年、W・ハーヴェイが『血液循環の原理』を上梓したのは一六二八年であった）。

社会諸現象についての数量的考察の風潮は、二〇世紀に入ると経済現象だけでなく、社会学や心理学が取り扱う諸現象にまで、その適用範囲を拡げるようになっていく。その背景には、一九三〇年代（より具体的には、第二次世界大戦時点）以降の大型コンピュータの登場、普及が、研究手段の面からもこの風潮に拍車をかけることになった。大量情報処理の時間とコストとは、僕らが研究者生活を始めた頃には考えられなかったほど迅速かつ低廉化した。コンピュータがあまりに速く結果を出してくれるので、研究者たちは、計算結果が出るのを暢気に待っていられるような状況ではなくなってしまったのである。

なお、経済学分野だけでなく、歴史学とか古典文学研究などの領域でも、当今はコンピュータを使った斬新な切り口からの研究報告が次々に現れるようになってきている。文献研究的論文だけでなく、考古学的な調査とか、さらには世論調査を始めとする各種実態調査の普及も、この種の数量的研究を促す契機になった。

知恵の問題を扱う本書は、そういった個々の領域での研究内容を紹介・解読することが目的ではないから、ここでは現下の数量的研究の方向一般を紹介するにとどめたい。人間の知の拡がりと深化とが、時代の動きにつれ、大きく様変わりしてきていることを、とくにこの節で数量化、計量化という側面から、各時代的概況を一般の読者に示し得たならば、ここでは足りるとしたい。

数値化の留意点

話題を少し転じ、本節の後半では、読者自身が数量的な研究に立ち向かううえでの留意点について、簡単に述べておきたい。

本節の表題には「数値化」という語句を使ったが、およそ何らかの事象を数値あるいは数量化して捉えるためには、まずその現象を実測（count あるいは measure）しうる形で捉え、これを数値で示すことが手順の第一になる。数値化にあたっては、成績点（八〇点、七五点など）のように基数（cardinal number）で表示できる事象ばかりでなく、美人投票のように順序数（ordinal number）でしか表示できないものも含まれる。なお数値は、通常僕らは十進法を日常的に使用しているが、現在のコンピュータはこれを二進法にして記憶し、かつ計算処理している。僕などが若い頃に使っていた卓上計算機は、数値を十進表示のままで処理していたものもあった。

ともあれ、このような実測された数値ないしその集まりのことを、僕たちはしばしば**統計**ないし**統計数値**（statistical date）などと呼ぶ。統計数値を採取し、これを分析する学問がすなわち統計学（statistics）であり、統計数値そのものは経済観察のデータであっても、自然計測のデータであっても差し支えない。その意味で統計学という学問は、方法科学だと言える。もっとも、経済や社会現象を取り扱う統計手法と、天体や生物現象を取り扱う統計手法とでは、使う手法は大きく相異なる。したがって統計学の内容は、経済統計学とか医学統計学とかに分岐している。処理する方法面だけに着目すれば、数理統計学という研究分野も成立しうる。

僕は、大学教師時代は教養学部の教壇で毎年、学生諸君を相手に統計学を講義してきたが、将来ビジネス方面へ向かう学生へは経済・経営統計学的な手法を、医学・薬学方面を専攻しようとする学生へは医学系の統計手法をそれぞれ講義していた。僕の著作物に、ややディレッタント的なところがあるとすれば、教師時代にあれこれ向きの学生に統計学を講義していた結果である。なお僕自身はもともと経営関係の統計学分野を専攻していた。

ところで、最近の世相はどうやら〝統計学ブーム〟のようで、『統計学は最強の学問である』という書物がベストセラーになるなど、統計学を取り巻く事態は国際検定化のような方向へと動いているように見える。統計学が最強かどうかは書物のセールス上の広告文だから、あまり目くじらを立てる必要もないが、僕が客観的に科学一般の世界を眺めるなら、最強の基本学問は何と言っても数学をおいてほかにはないように思う。統計学は、まあ「数学の家」の下男くらいの地位であろう。ただし下男は一家中の働き者であるには違いない。

ここで統計学の国際検定について一言述べておこう。この検定に合格すると、日本国内だけでなく、国際的にも一人前の統計活用専門家と見なされる。その点、日本国内でしか通用しない公務員試験だの司法試験などとは格がだいぶ違う。

現在、わが国で行われている統計検定は二〇一二年から開始され、毎年一一月に全国各地で一斉に〇×式のテスト（上級なものの一部に記述式）が実施される。試験は一級から五級まで分かれており、一級は大学の統計学専攻卒業レベル、五級は中学生の統計常識水準程度のもののようである。上級試験では、経済とか、工学、医学などの専門と結び付いた出題がなされる。僕も、この試験問題に（準備なしに）いきなり挑戦してみたが、何とか一級の合格水準には届きそうで安心した。とにかく統計学の手法は万国共通なのである。これからの時代、企業の入社面接などで「自分は、統計検定二級合格です」などと答えると有利になるかもしれない。

統計数理の手法そのものは、他の学問がそうであるように日進月歩している。ただその基本的・初歩的な部分は、上述の統計検定の出題問題を見ていただければ判るが、それほど大きくは変化していない。大工さんの道具箱にはさまざまな大工道具類が入っているけれども、普通一般に使われる道具は、鋸《のこぎり》、鑿《のみ》、鉋《かんな》、金槌くらいのもので、日曜大工のためにはこれらの基本道具の使用に習熟すればよい。普通の研究者は、あまり高級な統計道具まで勉強しなくてもよく、必要に応じて専門の統計学者の助力を仰げばよいであろう。

数字の独り歩きの弊害

数量化されたデータを取り扱うことに長年慣れ親しんできた僕が一番心配なことは、世上に横行しているさまざまな計量数値や統計数字というものが、それが一度数字《ひとたび》として発表されてしまうと、数字だけが独り歩きし始める点である。一般の人々は、何事も数字で表現されると、それを無批判、無条件に信用してしまいがちである。僕の若い頃から『統計でウソをつく法』というような表題の本が何冊か上梓されていた。故意にウソの数字をでっち上げるのは論外としても、正しく作られた数字データでも、利用者がそれを勝手に自分流に解釈して使うようなことは、しばしばある。例えば「失業率が何%だ」という場合も、「失業」という概念の定義をちゃんと知っていないと誤解を招く。世論調査でも「支持率が何%である」と言っても、「支持」の概念はしばしばあやふやなことが多い。

上述の「統計のウソ」の本の中に、「世の中には三つのウソがある。第一は本当のウソ。第二は黙っているというウソ（dumbed lie）。そして第三は統計である」という表現があった。そのうちの第二の沈黙のウソというのは、自分に都合の悪いことは頰被りして沈黙していることである。第一のより第二が、第二より第三のウソのほうが手が込んでいるだけに、一層質《たち》が悪いと言いたいのである。これは、確かイギリスの政治家B・ディズレーリの演説がもとだという。世論調査の質問文言などは、意図せずして（あるいは意図的に）誘導尋問の形式になっていて、被検者の意見が枉《ま》げられてしまっているものなどが多いのは、第三のウソの一例であろうか。

＊1　矢野のこの記事は、そのまま同じタイトルで、ちくま学芸文庫の一冊に収められている。

＊2　東大や京大の場合、学内に優れた世界的数学者が数多く在籍しているようだから、そこでは数学の入学試験問題には出色の内容のものが、例年出題されているようである。入試ということを離れて、文系出身の社会人の各位なども、ひとつ東大の過去の入試問題を解いて頭を柔らかくしてごらんになったらいかがであろうか。受験生時代の知的興奮を呼び起こすには、次の二書を奨めたい。
京極一樹『東大入試問題で数学的嗜好を磨く本』（アーク出版、二〇一三年）
長岡亮介『東大の数学入試問題を楽しむ』（日本評論社、二〇一三年）
大学へ入ってからあとの専門的な数学講義は別として、高校レベルの数学は決して難しいものではなく、取り組んでみれば日常仕事に疲れた頭に知的興奮をもたらしてくれると僕は信ずる。長岡の表現を借りると、東大の数学問題はベートーヴェンの音楽にも喩えられるくらい美しいという。
なお東大の場合は、受験生のうちにも、ときどき群を抜いた秀才がいるもので、僕がかつて数学入試の採点のお手伝いをしたとき（数学は選択科目ではなく、全員が必ず受験するので、数学専門の教員だけでは人手が足りず、僕のような他学科教員でも、多少数学の判る者は臨時に採点作業に駆り出されるのである）、採点しているうちに、ある受験生の答案で、出題された試験問題内容を n 次元に一般化して解き、「この出題は $n=2$ の場合である」とさらっと解いたのにぶつかった。答案に何点を付けてよいか迷い、出題責任の数学の先生に尋ねたところ「当然正解ですが、満点以上を出すわけにもいきませんね」と笑って言われたことがある。教育者生活の楽しみは、こういった抜群の答案に巡り合うところにある。

＊3　戦前の旧制高校の良かった点は、教授科目までは定まっていても、教授内容の細目までは旧文部省は一切容喙しなかったから、各高校の教授たちは自由にテキストを選んでいたことである。多様性がそれだけ認められていた。したがって、大学入試試験の内容もそれに応じて極めて弾力的なもので、戦前の東京帝大の法学部を例に取ると、入学試験科目も「外国語」「論文」の二つというように大雑把に定まっていて、「論文」の題も例えば「ローマ文明について論ず」とか「〝自由〟という日本語に対応する英語はliberty、freedomとであるが、両者はどう違うか」のように、学生の教養の幅を試すようなものが出されていたようである。このような学修、そして試験のやり方は僕には大へん良いと思われるが、この種の自由論文の

評価、採点をどうしたのかは、今となっては、よく判らない。僕だったら、一つの論文ごとに三人くらいの評価試験官をつけて勝手な基準で採点させて、三人の採点の中央値（median）を採るようなやり方をすればよいように思う。

＊4　上田の仕事は、もともと西洋経済思想史とくにトマス・アクィナスについての研究が、その主な作業であった。しかし研究者としての彼の考察の眼は、やがて西洋と東洋との思想比較、文化比較へ向かうようになり、その成果は、上田辰之助著作集の第五巻『経済人の西・東』（みすず書房、一九八八年）にまとめられている。本文中に挙げた「西鶴・デフォーの比較」などの名文も、この巻に収録されている。

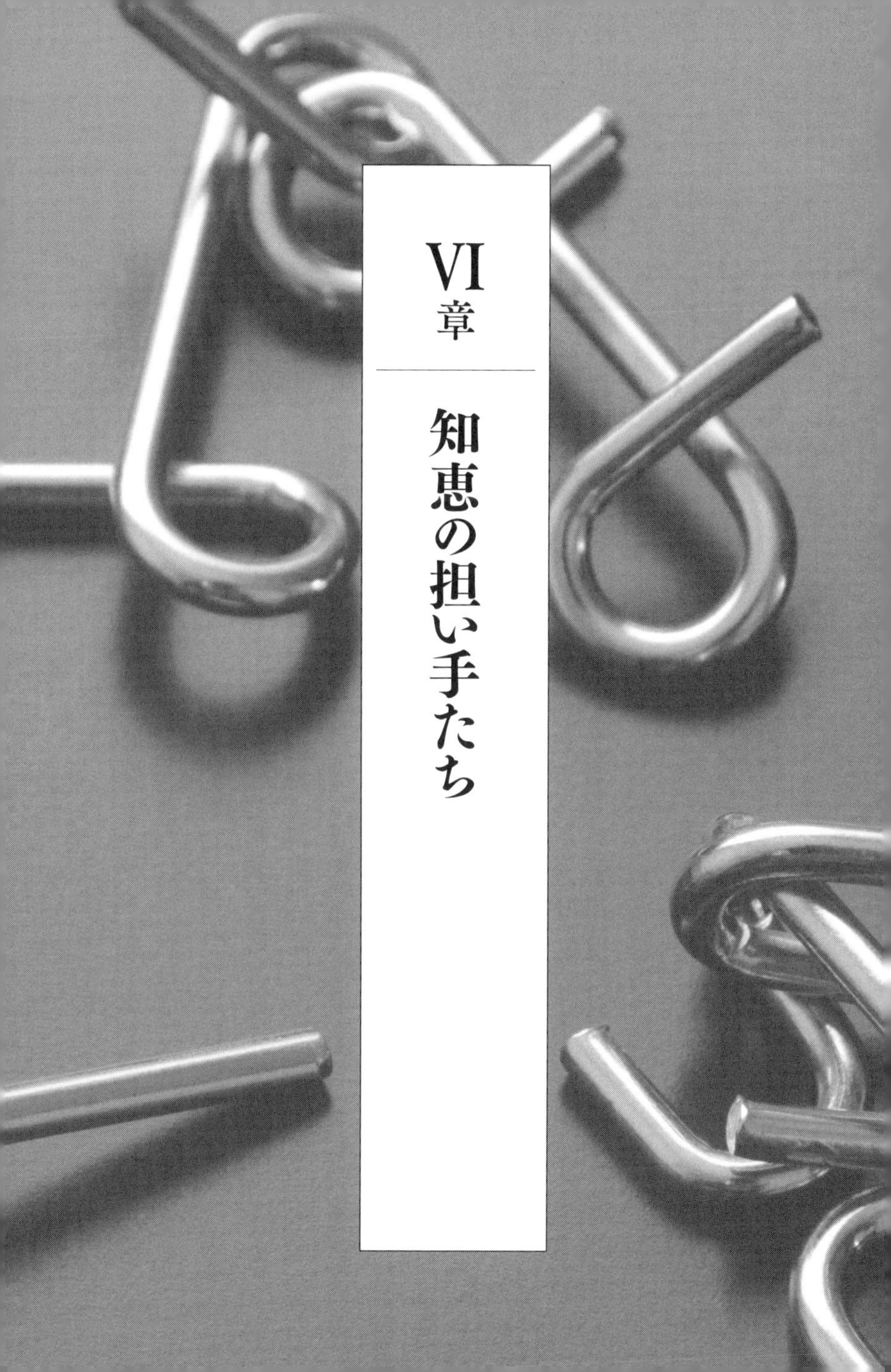

VI章 知恵の担い手たち

「盲点」を探して、それを衝くことは、知恵出しの常道である。本来ならば一節を起こして論じたいテーマである。

盲点というのは、同次元の境界の範囲内でこれを発見しようとするよりも、むしろ問題の次元そのものを、ひとつ上げて考察することで発見されることが多い。喩うれば、ユークリッド空間の域内を超えて、非ユークリッド空間に飛び出してみることで見付かる。また球空間上を探して見付からないものが、トーラス空間へ拡大してみると見出されたりする。空間を移してみたり、変えてみたりすると面白いものが発見される。

「メビウスの帯」空間を三次元へ拡げて、「クラインの壺」を拵えてみるのも興味深い。僕はガラス工の人に頼んで、クラインの空間をコップに仕立てて貰ったが、結構実用に耐え得るものができた。

VI章―1

文系の知恵と理系の知恵

わが国の高等教育が、文系と理系とに大きく二分されるようになったのは、旧制高校の文科・理科の二区分入学制あたりにその原点があったように思われる。それが尾を引いてか、今でも実社会などで、彼は文系、彼女は理系などと、人材をその出身系で区別する考え方が強く残ってしまっている。

このように、学問あるいは教育世界を文理両系に岐つ考え方は、明治以降のわが国だけでなく、学術先進諸国のあいだでも多かれ少なかれ見られた。今でも残っているbachelor of arts（文学士）とかbachelor of science（理学士）とかのレッテルがそれで、その源を求めれば、一九世紀頃の世界的な学術ないし社会状況が背景にあったように思われる。

文系、理系をさらに分野ごとに区分けしてみると、前者の人文系のほうは、大きく法経系（social sciences）と純文系（humanities）に分けられる。言うまでもなく、前者は行政とか管理など俗世界に直結する学問分野で、後者は文学的、芸術的センスが求められる純粋学問的な領域である。官界とか実業界とかを志す若者の多くは、当然前者を志向し、後者には学界に居付いたり、文化界、教育界に身を置いたりして生涯を送る者が多い。これに対し、理系は自然科学（natural sciences）領域一般をカバーして、大きく理工系（技術系を含む）と、医学を含む生物系とに分けられる。数学とか情報科学とかの出身者は、社会人的には文系でなく理系扱いとなっている。心理学領域などは、文系と理系の中間に位置付けられることが多い。

ともあれ、このように学問の諸分野を大きく両分した場合、後者のいわゆる自然科学分野の特色は、定性的よりも定量的な考察を重視すること、さらにまた学問上の諸命題について、反証可能性が要求される点である。さらにこの自然領域では、科学上の或る謎の扉が開けられても、その背後にはさらにその奥に次の新しい謎の扉が立ち塞がっているのを常とすることであろう。これに対し、人文科学世界の多くでは、学問上の或る謎が解けたら、そこでお終いになるのがむしろ普通である。例えば、卑弥呼の墓が判明したら、邪馬台国論争は、少なくともそこで終わりを告げることになる。その点で、自然科学の世界は底知れず奥が無限である。

文理の垣根にあるもの

文系と理系との垣根を壊せという論議は世上喧しいが、垣根を取り払う仕事は一朝一夕にはできなくても、垣根のほうは取り敢えずそのままにして、両者のあいだの溝を、さまざまな方法で架橋する知恵を生み出すことは少なくとも可能であり、かつ実際的である。文系人と理系人との協同研究の必要性がしばしば言われるが、実際問題としてそれが学問上で難しいのは、今説明したような両学問分野の性格的相違によるところも少なくないと思われる。

ただ、文系諸学問へ進む者といえども、環境、医療・生命倫理、エネルギー問題などの研究課題に関わる機会が増えた今日では、理工系諸知識は不可欠だし、逆に理工系人間の場合にも、社会諸倫理などについての学識は昨今では必須であろう。とにかくすべての分野の専門家は、自身の限られた狭い分野にだけ閉じ籠っていることが許されない時代に、今やなっていることだけは確かである。

文系人と理系人の知の融合の方向を切り拓くに際し大きな障害になるのは、僕の経験では、研究対象の相違などよりも、前者の場合その使用する用語や概念の外延がしばしば明晰ではなく、そのゆえもあって使用術語が数理的、計量的な処理に不適である場合の多いことが挙げられる。ただ、学問の世界においてだけでなく、日常的な物事の処理においてさえ、V・5節でも見たように数値化考察のなされる傾向が強くなっている昨今、両部門を繋ぐ「科学の言葉」としての数学の素養は、人文・自然の両世界を通じて、すべての分野の研究者に必須だと考えて欲しいものである。

若者たちが大学などへ進むに際して、人文系を選ぶ人の多くは数理思考が苦手だからとの理由で、そちらへ進むケースが多いようであるが、少なくとも純粋の文学とか芸術のほうに進む人を別とすれば、社会系の学問は当今では、科学の共通言語としての数学抜きでは務まらないと思ってほしい。

僕に言わせると、若者が学校で数学とか物理とかを嫌いになるのは、学問そのものの性格よりも、教師の教え方に工夫が足りないことが大きな原因のように考えられる。

文理の中間に第三の系を

望ましい現実改革的な考え方の一つは、大学教育の文理二本立てを改めて、三本立てにすることだと僕は思う。それには、理系は取り敢えず現在のままにして、文系は、これをさらに次のように両分する。すなわちその一つは、在来型の文系、もう一つは情報科学系ないし応用数理系(仮称)と呼ぶべきものである。この後者が在来型の理工系と異なる点は、学内にラボを伴う大規模な実験設備を必ずしも持たなくてよいことである。統計解析とか、シミュレーション学習研究とか、実際の企業現場や官公庁の研究部門や工場、研究室などへ出向いての実地研究、各種ドリルなどがこの系での教育の主内容になる。大型の実験現場や設備によらずとも、オンライン教材でドリルやテスト作業をやれば済む。

全国すべての大学をいきなり、この三学科システムへ移行させることは現実的には困難かもしれないが、やれる大学から逐次やっていくようにすれば、移行上の摩擦は避けられよう。新卒者を受け入れる実社会側も、このような新学科の卒業生が入社してくることは歓迎するであろう。学校教育内容のうち、社会に出ていく若者として必要な教科科目は、一五歳レベルを対象にした現行の「国際テスト」の出題傾向を見ても判るように、「読解力」「数学の活用力」「理科的知識の応用力」

が三本の矢である。
日本の場合に当てはめると、このうち「読解力」は、日本語の作文力、併せていずれか一つの外国語力あたりということになろうか。これら三本の矢を、青少年が二〇歳になる前の頭脳の柔らかいあいだに、彼らの脳に叩き込むことが望ましい。この三本の矢は、先に述べた大学三系統にそれぞれ対応している。公民科目のような法律とか経済とかの学修は、社会人にとってむろん必要ではあるが、それらは青少年が長じて実社会と接触を持つようになってから教育伝授させても決して遅くなく、慾《なまじ》っか学校教育などで教えるよりも、そのほうがむしろ若者の脳へは入りやすいであろう。

文・理の中間に第三の応用数理型の学習コースを挿入するこのようなタイプの学修は、実は僕自身が、敗戦直後の大学生時代に身をもって実地に体験したものでもあった。僕は社会へ出て実務世界へ入るつもりで東大では経済学部の門をくぐったのであるが、敗戦直後の経済学部というところは、当時の「日本資本主義論争」のような驚くべく不毛な議論ばかりが学の主流を占めていて、入学はしたものの、そこで教えられる経済学なるものには愛想が尽きた。そこで僕は学籍だけは文系の経済に置いてはいたものの、学部の授業へはあまり出席せず、工学部や理学部の数理系の講義やコロキアムに割り込ませてもらって、そのほうの知識を増やすことに努めた。これは自分自身の判断であって、教官の指示ではない。当時の東大では法・経両学部間では、相互聴講学生のための卒業単位互換制はあったが、文・理系諸学部間のそれは存在しなかった。しかし学生本人にとっての問題は、単位がもらえるか否かにあるのではなく、自分の将来の進路のためにどのような知識を学生時代に身に付けておくことが必要かにあるはずである。幸い理工系学部の教授方も、単位のことは別としても、僕の傍聴を快く認めてくれた。ただ講義のほうはともかく、コロキアムなどは僕にはとても歯が立たず理解できるレベルのものではなかったが、とにかく大先生同士の真剣な議論は、その内容までは判らなくても、聴いているだけで励みになるものであった。

本節の主題は、二つの相対立する領域を接合あるいは架橋するための現実的な知恵の出し方をいろいろ模索することであった。本節の話題に直接即して言うならば、先述のように、現在の文理両系の中間に第三の系を割り込ませる案以外にも、さまざまな案が考えられるだろう。それは読者への宿題に残しておくことにする。

ここでは、ただわが国の高等教育（ないし学術）のシステムが、相変わらず水と油のように分かれている現状に対して、小さな一石を投じるにとどめる。

VI章—2

専門の知恵と教養の知恵

前節で考察した文系・理系の関係が、学術・教育世界の横割り的な関係に当たるとすれば、この節で考えようとする教養・専門という二分法は、いわば同世界の縦割り的な関係に相当している。

戦後今日までの、わが国の普通の大学教育体制は、入学当初の諸授業が教養教育へ大きく振り当てられ、高学年に移るにつれて大幅に各種の専門学へと移るように仕組まれるのを常としていることは、読者もよくご存じのとおりである。

これに対し、僕が受けた戦前の旧制高校↓旧制大学の授業は「教養↓専門」ではなく、「基礎↓専門」という仕組みであった。両者の大きな違いは、現在の教養諸科目が概ね選択履修であるのに対し、旧制での基礎科目はすべて必修であり、旧制高校がそれを分担し、旧制大学の授業はすべて初学年度から専門諸科目に特化していたのである。その場合の基礎科目は、文系では外国語と人文系科目教育が中心であり、理系では、大学の理工方面へ進む者の場合は数学、物理、化学が核科目を構成し、生物・医学へ進む者については生物系の諸学がそれぞれ核科目を成していた。

要するに、旧制・新制の大きな相違は、旧制が基礎必修であったのに対し、新制では基礎という考え方がそもそも消えてなくなり、それに代わって教養という新しい教育理念が登場し、このほうは科目ごとの必修がなくなった点である。理念のこのような大変革は、敗戦直後の占領軍の指示によるもので、旧制のドイツ流教育がいわばアメリカ型に、強制的に改められたということである。このような変革が目的どおり成功したかどうか、またその現状がどのようになっているかの論評はここでは措くとして、以下では専門に対する教養という考え方そのものについて、本書の立場で考察してみることにする。

なお昨今は、大学教育上の区分けとは別に、そもそも二一世紀のような、各種の専門領域が入り乱れるようになった現状を踏まえ、新時代の教養とはそもそもどのようなものであるべきかが、新たに問われているような気もするが、そのことも暫くは措く。

専門人である前に教養人であれ

もともと教養とは、どのような概念のものであったろうか。それはドイツ語の場合だと、Bildungあるいは Kulturという語が当てられていた。前者のほうは「人間形成のための知」とでも言ってよいかと思うし、後者はむろん「文化（学）」の義である。東大駒場の教養学部生は、その発足当時、学生服の襟に〝C〟の字を付けていた記憶がある。これはcultureの頭文字であったであろう。しかし米国流ならば、教養学部はdepartment of liberal artsと呼ぶのが通例のようで、さらに「教養学」となると、liberal artsとかarts and sciencesとかである。artsには学問（科学）だけでなく芸術も含まれる。ただ教養教育そのものは、英語ならcultural educationと呼ぶのが良いようである。

こうしてみると教養教育の基本の役割は、何と言ってよいのかよく判らないのだが、いわば知識青年に対する広義の人間教育で、いわゆる「教養人」を創るための教育がそれだと見てよい。人は専門人である前にまず教養人であるべし、というわけである。これは大学における専門教育の弊を防ぐ（あるいは正す）ことがその目的だったようで、導入の趣旨としては一応理解しうるが、ただ実行に移してみて、あまりその目的のためには機能していなかったことは、新制度下の大学で学生生活を体験されたであろう読者諸兄も、よくご存じのとおりである。

他方で、旧制高校生活（大正から昭和一〇年代頃）を懐しむ人は少なくない。ひとつには彼らが学んだ時代がいわゆる「良き時代」だったことも、その大きな理由であろう。彼らは自治とか自由とかをそこで謳歌していた。自治、自由と言えば、教科書の選択なども高校ごとの自由であった。少なくとも彼らは時代のエリートで、世間からも大切に扱われていたのである。

さて、教養教育のことは暫く差し置くとして、現代の大学における専門教育あるいは専門研究のほうは、どうであろうか。近年における諸学術の目覚ましい進歩発展の結果、専門教育・研究は、四年制大学よりも、その上の大学院へと移っているのが世界の大勢である。しかしわが国では、社会系に関する限り、大学院の存在はどうも影が薄い。その背景には、大学院卒業生に対する社会的認知の問題がある。

諸科学一般の専門化現象について指摘すべきことの一つは、どの科学・技術分野でも見られる細分化の現象である。学問の進化がそれぞれの研究分野を深く、狭くしていくことは止むを得ないことであるが、その結果、重箱の隅を突つくような研究、トリビアルな問題の研究にその日を送る、いわゆる専門バカ的な研究者層が数多く輩出している点は問題視されなければならない。

今日の社会が学術研究一般に期待していることは、それぞれの学術分野ごとの縦方向の細分進化もさりながら、むしろ別れ別れになってしまった学問の各専門分野を横方向に繋ぎ合わせることで、地球的に解決を必要とするような諸課題に立ち向かってくれることではないかと思われる。隣接する、あるいは他分野の研究者と研究上のチームを組めない「専門家」は、今日の学術研究者である資格を欠くとさえ言ってよいのではないかと思う。

さらに各専門教室における親方徒弟制が、若い研究者たちの研究分野を徒《あだ》に狭くしている弊害が目立つ。若い研究者が斬新なアイデアを持っていても、その芽を伸ばせない学風が支配している。[*1]

このような細分化された諸科学間の横断的な会話とか共同研究を実現するには、そのための研究の具体的場を創り出す必要があるわけだが、それ以前にも学術語の共通化とか、隣接科学との境界領域の開発計画など、やらなければならないことは山積している。さらには、互いに相異なった科学・技術分野を横に有機的に束ねて繋ぐ仕事を推進する、器量なり能力なりを持った視野の広いリーダーが必要なのではあるまいかと思う。

また、今日の科学という文化領域は、かつての時代とは大きく様変わりしており、個人的な研究費で細々とやるような狭い空間ではなく、国家的・公共的な資金に大きく依存して推進されており、それゆえにこそ科学者、研究者たる者は、自分たちの研究している（あるいは研究しようとしている）課題の内容やその社会的意義を、広く社会へ、納税者層へ向けて、判りよく説明する義務があると思われることである。

交流が求められている

これに直接関連して、専門・教養の両部門を通じ、研究者一般に求めたいことは、各研究分野間の横の日常的な風通しを良くすることである。欧米の大学とか研究機関とかを訪ねてみると、必ずと言ってよいほど所内の全メンバー、大先生からポスドクの若者までが、三三五五集まってはお喋りを交わすティータイムのような時間が設けられていて、僕らのような外国からの訪問者なども、たまたま来合わせたりしていると、その席へ呼ばれて話の輪に参加させられたりする。こういう雰囲気は研究分野を異にする研究者間の相互親睦になり、かつ異分野の情報も手に入るので大へん良い。日本の研究機関でもそういったところがないこともないと思うが、全員が毎日のように気楽に顔を合わせる場所は少ないのではなかろうか。ことに文系・社会系では、僕の知る限り皆無に近いように思う。大学の場で言うと、人文系の先生方は教室で学生に講義する時間にだけ大学へやってきて、講義が終わるとさっさと帰ってしまう習慣のところが大部分である（あるいは独りで自室へ閉じ籠もってしまう）。

所内で、もっと毎日のように、昼休み時間とか午後の休憩時間などで気軽に任意に顔を出して、その席で学会情報を交換したり、研究のアイデアを開陳して話し合ったりすれば、各自の研究そのものも澱むことなく活発化するに違いないと思うのだが。およそ学問・芸術の世界にせよ、また実務の世界にせよ、良い知恵というものはふとした弾みに、ことに異分野、異文化との交渉などの場で触発されてこそ生まれることを思うと、このようなごく自然な学術空間世界のなかに常に身を置いていることは、大切なことだと思う。研究の世界では専門以外の人が、ふらっと入ってきて会話に加われる雰囲気も欲しい。[*2]

この節の末尾に一言。教養教育のあり方について僕の考えを一つだけ述べておく。専門に対置する概念としての教養なるものを、人が身に付けたいと願うならば、その最もオーソドックスな道は、自身を〝教養人〟たちのグループのなかへ置いて、日常生活することではないかと思う。そうすると、やがて自分にも、次第に、自然に教養が身に付いてくる。これは喩えて言うと「石に苔を生やす」ようなもので、そのためにはその石を苔の生えている岩の集まりのなかに置くのが一番良いようなものである。そうすると苔が自然に、その石にも付いてくるようになるであろう。

VI章―3

玄人《プロ》の知恵と素人《アマ》の知恵

この節では、さまざまな社会、ことに研究者とか技術者とかの職業世界を念頭に置いて、プロ（professional）とアマ（amateur）のそれぞれが果たす役割について考察してみたい。この話題については、僕は前著『研究者という職業』（東京図書、二〇〇四年）のなかでも、一つの章を割いて述べた。今旧著のその部分を読み返してみると、かなり纏まって良く書かれており、それをここでそっくり再録してもよいのだが、それではやや芸がないので、以下の記述では、前著とは多少切り口を変えて書いてみることにする。

まず最初に考えてみたいのは、各職業（つまり仕事一般）についてのプロとアマとの境界の問題である。判りよく言うと、プロとは職業的な専門家層、つまりそれでメシを食っている人種、アマとは好事家層、つまりそれをメシの種だとは考えていない人種のことを指す。一般には、プロはアマよりもはるかにその道の技に長けていると思われているが、ただ昨今ではどの道でも、アマの技術レベルが往時より向上していて、技の巧拙だけでは両者の区別が付け難くなっている世界も少なくない。したがって両者の区別点は、それを職業にしているか否かの点に置くのが妥当である。スポーツの世界などでは「アマチュアリズム」という言葉もあり、技や芸をメシの種にしないことがそこではアマチュア人の誇りともなっている（スポーツの世界だけでなく、碁・将棋・チェスのような頭脳競技、カメラ・おどり・手品などの芸事の世界に至るまで、一応プロとアマとの間には一線が引かれていて、プロ棋士はアマチュアとは決して勝負しないとか、マジックの世界などでは手品の種を無料では素人に教えない、などのモラルが暗黙裡にあるようだ。ただ、人真似したりアイデアを剽窃したりしてはいけない、などのことはプロ・アマを問わず共通のモラルであろう）。

プロとアマの技術あるいは芸の水準は、このように近年接近しているが、かつての時代には、この区境はかなりはっきりしていた。というのも、まず往昔にはプロと思われる連中は、一子相伝の巻物とか秘伝の奥義のようなものを後生大事に抱え込み、直弟子だけに教えるようなやり方をしていて、一般人つまり素人には、それを見せようとはしなかったが、そういう厚い壁は現代ではもはや消滅している。

道具や素材類の進歩もある。カメラなども往時の器機材は、習熟したプロでないと扱えない代物であったが、今は機械もレンズも良くなり、誰でもファインダーを覗いてシャッター・ボタンに手を触れさえすれば、結構見応えのある写真作品が撮れる。細工物などもキットを買い、指示どおりに組み上げれば玄人並みの作品を生み出せるし、レシピに従ってやりさえすれば、昨今はプロの料理人並みの料理や菓子を素人でも作れるようになっている。技芸やスポーツなどの世界でも、多少勘のある人たちならば普通の精進と努力で、ある程度の域には達せられるトレーニング法が開発されてきているようである。

また、プロの価値下落のもう一つの背景には、どの分野でもそうだが、アマチュア人口そのものの増加が挙げられる。したがって、プロとアマとの相違点を、社会制度の上で区別せよと言われるなら、旧著でも指摘したのだが、「上手くなるほど収入が増えて、お金が懐に入る者をプロと呼び、逆に上手くなるほど出費が増す者をアマと言う」という定義をしてみることもできよう。いわゆる旦那芸はアマの芸だから、上達するほど使う道具や材料、見せ場づくりに本人の支出が嵩むことになる。

プロは目の付け所が違う

プロとアマとの相違点について技芸の世界はさておき、学術などの研究の世界について考えた場合、両者の差異はどこにあると考えたらよいであろうか。僕の見るところ、少なくともまず学術の領域などでは、アマにとっても、プロにとっても、良い発見のチャンスに巡り合う機会それ自体は、それほど差はないと思われる。しかし、プロは好機を見逃さず、それを素早く自分のものとして摑み取る能力を持っているのに対し、アマたちはせっかくのチャンスに巡り合っても、みすみすそれを見逃してしまうところに、まず差が出てくるのではないかと思う。

すなわち人が山野を跋渉していて新種の岩石とか昆虫、植物などに巡り合ったりした場合、プロの生物学者だったら、それが新種かどうかすぐに確認できるが、同定力に乏しい素人に近い生物ファンは、せっかくの機会があっても、それを見逃してしまうに違いない。またラボ内の実験作業などでも、予想外の現象が見られたような場合、経験を積んだプロは目敏くそれに気付いてそこから新しい問題点とか仮説とかを引き出すであろうが、駆け出しの実験者の場合であれば、せっかくのチャンスを捕え損ねてしまうことになる。

こうしてみると、プロとアマとの差は、前者は目が肥えていて、状況に素早く適応しうる能力を備えているのに対し、後者はそれを見逃してしまうところにあると言ってよい。露天市などで名品を探し出す眼力の有無などについても同じである。僕は先立つⅣ章で「チャンスを逃すな」とか「ボンヤリしていてはいけない」ということを述べたが、プロとアマとの差があるとしたら、まずそのあたりにあると知るべきであろう。

芸術家のような職業の人の場合もしばしば同じで、大写真家・土門拳の助手からかつて聞いた話であるが、土門という人は同じ対象物の写真を撮るにあたって、カメラの据え位置などを定める名人で、例えば野の石仏を撮るにも、余人が気の付かない角度を即座に選ぶ。助手に対し「あの木に登って、あの枝から撮れ」と命ずるという。助手がそこへ攀じ登ってカメラを石仏へ向けると、絶妙なシャッター・アングルになるということであった。

別の章で書いておいたほうがよかったかとも思うが、何事につけてもプロたる人物は、物事への目の付け所（僕の言う、着眼点）が、凡俗の人とは違っていなくてはいけない。例えば、事物を見るにあたって、事物間の関連を見据えて、適切な仮説をそこから導き出すことなどは、専門の学者・研究者としてはとりわけ大事な素質である。

以下の話は、三〇年ほど前、東北大学長の加藤陸奥雄（生物学）からたまたま直接聞いた生物学者としての昭和天皇の逸話である。当時、南極大陸を訪れた或る生物学者が、生物学御研究所で南極のオングル島（昭和基地が置かれていた）の珍しい苔について天皇に報告したところ、天皇はその場で即座に「それならわが国でも北海道のサロマ湖の畔あたりにも、きっと同じ苔が自生しているはずだ。探してごらん」と言われ、助手が現地へ出掛け調べたところ、確かに天皇の予想どおり、その珍しい苔が見つかり、天皇は大そう満悦されたという。南極と北海道東北部との気候の相似および苔の性質から、天皇は直観的にその仮説を出されたのである。天皇の生物学者としての炯眼を加藤は大へん褒めて、「昭和天皇は、大学で生物学の教授くらいは十分に勤まる方だ。やや旧い生物学だがね」と僕に説明してくれた。およそプロたる人は、アマと違い、何かある物事に直面して、直観的にそれと関連ある現象などにすぐに気が付くことも、その重要な素質と言える。

自由で偏りのないアマの視点

先に、僕は「プロはアマの気の付かない現象に気付く」点を指摘したが、逆にアマがプロの気が付かない盲点に気付く場合もしばしばあることにも触れておきたい。その理由はいくつかあるが、第一にアマ集団はプロと違って人数が絶対的に多いこと、第二には、アマはプロのような職業人集団でないことから、かえって自由で偏りのない、岡目八目的な視点で現象を観察しうる場合があること、であろう。このことにはⅣ・4節でも若干触れた。エラーとかミスの発見などは、大勢のアマの人々の眼によるところが大きい。

さらに、もう一つ、プロがアマの意見に謙虚に耳を傾ける度量を持つ社会は、必ずや「民主的な社会」でもあることを指摘しておきたい。前世紀の初頭の英国にC・ドイルという小説家がいて、『シャーロック・ホームズの冒険』という一連の推理小説を著したが、この主人公のホームズは、読者もご存じの一介の市井のアマチュア探偵であるが、プロの刑事たちの盲点を衝いて難しい事件を次々に解いてみせる。プロの刑事側も、広い心で素人のホームズの意見に耳を傾けて協力するのである。さすが民主主義の祖国・英国の市民社会ならではの話である。

これがドイツのような官僚的な（あるいは独裁的な）警察だったら、刑事たちは、ホームズのようなアマチュアを事件の現場に近付けることなどはそもそも許さず、素人探偵が口を挿んだりするとけんもほろろで彼を追い出すに違いない。かつての官僚主義のドイツ軍や日本軍などは、民間の情報類を軽んじ、彼らの意見なども「地方人（という言葉を軍隊はしばしば使った）の素人が何を言うか！」といった態度で、民間の知恵や情報などにはほとんど耳を貸さず、暗号の作成とか解読の仕事などもプロ軍人仲間だけでやっていたようである。第二次世界大戦時の英国の軍隊では、若き天才数学者のA・チューリングらを軍の嘱託に採用し、数学的にも絶対に解読不可能とされていたヒトラーの暗号を見事に解かせ、英軍の上陸作戦を勝利に導いている。

近代戦争の勝敗を決する要諦の一つは、敵方の暗号をいかに旨く、速く解くかに掛かっているのであるが、太平洋戦争時の日本軍は米軍に較べ、そのような面が疎かにされていたようである。山本五十六連合艦隊司令長官の戦死も、米国側が日本海軍の旧態依然たる暗号を解読し、山本の行動を正確に待ち伏せした結果だったという話は、つとに有名である。

以上、この節の記述の結論をまとめてみると、およそあらゆる状況の下で、プロたる専門家とアマである素人とが互いに知恵を出し合い、協力し合って事の解決に当たることは、どのような局面でも必要な知恵であることのように思える。

VI章—4

男性の知恵と女性の知恵

対比の枠を少し移してみる。たしか一五年ほど前に『話を聞かない男、地図が読めない女』という本が出て、一時話題になった記憶がある。最近は『察しない男、説明しない女』という本が現れて、これまた売れているらしい。しかし、人をはじめ生物の世界は、このように性格の相異なった二グループの共存で進化してきているところが面白い。

人は技能、適性、能力において両性的に差がある。これは優劣の問題とは別である。そもそも遺伝的に男女は平等にはできていないのである。生物上の役割が異なるから差が出るのはむしろ当然である。[*3]

男女の考え方や行動様式の差は、まず脳の働きの違いからくる。生まれたばかりのときは動作などはよく似ているが、育つにつれて、生物上の雌雄差がはっきりしてくる。女は左脳が早く伸びる。男は右脳型で空間能力、論理力が女より優っている。こうして両性ごとに、どちらの脳を使うかも違ってくるが、その結果、女は男の、男は女の考え方が互いに理解できなくなる。互いに別な人種と付き合っていると思えば間違いないし、腹も立たない。

男は鈍感でむっつり。女は感覚が鋭くておしゃべり。しかも女は男より辛抱強い。女は同じ仕事をさせても長続きする。したがって家事にも向いている。女同士はいつでも喋っている。お喋りそれ自体が目的だからである。人と人との触れ合いを、女は男よりも大切にする。女性同士はお互いの感情がよく判り、誰が味方か敵かをよく直感で判別する。

男は粗暴で飽きっぽい。しかし男同士はそのことが、互いによく判っていないようである。女が男を騙すのは楽だが、逆は難しい（恋とか欲とかに目が眩んでいるときは別らしい）。未開社会を見るとよく判るが、男は独りで林野へ狩りに出かける。家族を養うためである。女は女性同士で群れを作って暮らす。女部屋に男を入れない社会はアラビアにもニューギニアにも見られる。そこで女たちは群れを作り、共同で子供たちの世話をする。

脳は、男より女のほうが早く発達するらしい。しかし脳そのものの大きさは、女性が小さい。小学校段階で知能テストをやると、女は男より一割くらい上の成績を上げる。小学校ではクラスの最優秀生はたいてい女の子である。ただ思春期になると、男性の脳が伸びてくる。思考分析力も男が優ってくる。数学、哲学などは、女性より男性向きである。ただ普通の入社試験のときの成績は、たいていの会社では女性のほうが高いようだ。しかし入社したあとは男のほうが仕事力を発揮するようになるらしい。これには社会的事情が加わるためもあろう。

さまざまな知感覚のうち、まず視覚だが、女の眼は白目部分が男より大きく、眼球の動きは男より速く対象を捉える。百人一首のかるた取りなどでも判る。女の眼は左右横方向に動くので周辺視野が広く、車の運転も横方向の事故は男よりも少ない。しかしバックさせると女は事故が多くなる。将来計画などを立てさせると男は女よりうまい。これは、手元よりもいつも真っ直ぐ遠方を見ているからであろうか。道を見付けたりするのは男がうまい。女は横幅で見ていて、方向オンチ。だから近くの「探しもの」は女がうまい。運転は、昼は（左右をよく見るから）女にさせよ、夜は（前方をよく見るので）男にさせよ、とも言う。要するに、男は目標へ向かって直進し、女はいつも周りを気にして行動している。

　では聴覚は。人の耳は地上を動く動物の耳より、総じて鈍感である。太古の時代に、地上でなく樹上で生活していたこともあろう。年を取ると、眼より耳のほうが能力の落ちは激しい。六〇歳になると、赤ん坊時代の三分の一くらいに能力が落ちるらしい。女のほうが当然、耳は男より良く、とくに高音部がよく聞こえる。女性が外国語を早く覚えるのは耳が良いためである。一番敏感な男の子よりも、一番鈍感な女の子のほうが鋭いともいう。

　味覚、嗅覚も女性が上である。感情や感覚一般は、当然に女性が鋭い。男の感情は下等動物並みで、すぐ攻撃に向かう。つまり右脳派なのである。猪突の得意なのは男で、慌てて餅を喉に詰まらせて死ぬのは、正月の新聞記事を注意して見ていると判るが、すべて男である。

　ただ、スポーツ一般の能力は断然男が上である。これは男性がもともと狩猟、格闘が仲間内の役割で、危険に立ち向かう宿命を担っていたことによる。

異性の発想、行動に学ぶ

以上で見たように、男族と女族とは、お互いに犬と猫ほどに違う。犬は雑食で、寒くても外を走り回るのに、猫は家のなかで炬燵に踞るくらい生態が相異なる。それに猫は犬より美食家である。

今、男族と女族とが一つの集団を組んで何かの仕事を行うとすると、男はこの集団をば一個の縦組織と見なして、そのなかで地位とか権力とか名声とかを得ようと欲するのに対し、女族は同じ集団でも一個の横組織と考えて、群れのなかのお互いの絆を大切にしようと努める。集団を或る目的へ向けて引っ張るのは男族流のやり方がよく、集団内の和を大切にするには女族流が望ましい。これは脳のなかの知感覚の違いからくる。このことから判ることは、およそ社会の運営には男女がうまく協同して当たるのがよい、ということになるのかもしれない。しかし、本書のそもそもの趣旨は、個人としての知恵の出し方を考えることに狙いがあるので、別個に男女協同作業のやり方なども研究してみると面白い問題が出てくるかもしれないが、ここではそれに触れることは避ける。男性個人、女性個人が、それぞれ異性の長所をどうしたら自分個人の発想に役立てられるのかを、読者が考えながら本章の内容を味読してくだされば、それで本節の目的は十分に足りる。そのためには、人は異性の発想様式、行動様式をよく観察・研究して、これを自家薬籠中のものにすることが必要である。

一つの簡単な例を挙げると、五歳くらいの子に積み木をあてがうと、男の子は高い塔を作り、女の子は横に並べるという。孫にやらせてみたところ、確かにそうであった。男の子は上下のヒエラルキーが重要で、女の子は横の繋がりが大切。積み木遊びにもそれが表れているのである。女性はあらかじめ買い物の目的物など定めずにデパートへ入る。男がデパートへ入るときは、必ず買う目的物がまずあってデパートの門をくぐるのである。もし読者が男性だったら、一度買い物の目的をまったく定めずにデパートへ入ってみることを奨める。それで女性の気持ちが理解できるかどうか。多分男は当惑するのではないかと思う。

ある人が言ったことだが、A・ロダンの「考える人」の彫刻。あれは男族の困ったときの典型的なポーズで、女族は困ってもあんな恰好で考え込んだりはしない。窮地に立ったとき、典型的な女族だったらどう振る舞うだろうか。これは読者への宿題としておく。

多領域に研究成果が

以上、僕は主として心理学系統の研究結果を僕なりの事例で説明したが、男女間の差異については、心理学のほか社会学、経営学などの分野での研究成果をも広く採り入れて考察すべきであろう。

例えば、企業の経営を任されているような状況下で、リスクに直面したような場合に女性は、自信過剰でリスク克服へ動く男性よりも、リスク回避的に行動する傾向が見られるという。ただ、これは女性が引っ込み思案だからというわけでは必ずしもなく、控え目なことが多く、家族を守るためもあり、さらにそのような場合、男性は女性よりも楽観的な性格のうえに、報酬（名誉を含む）に釣られて行動する傾向が女性よりも強いからだと考えられる。オークションなどの競《せ》り入札行動でも、男性は自信過剰さが強く表れるという。

ただ、こういった社会の場における男女性差問題を考察する場合、生物学的な要因と併せて、いわゆるジェンダー論的な視点が不可欠であることにも注意したい。すなわち、そこには文明社会での歴史的な男性優位型社会の影響が、強く働いていることが十分考えられるからである。一例として、ケニアにおける典型的な男性優位社会のマサイと、母系外婚民族で妻方居住婚が主流なカーンとを較べてみると、後者では女性の積極性が強く、彼女らは協調社会よりも競争社会を選ぶ傾向が強いという。

経営論の研究成果では、店長とか管理者のようなリーダー的な人が男性のときは、男性が女性よりもよく働き、女性のときはその逆の傾向が見られるという。

なお僕は、この節の冒頭で「地図が読めない女性」のことを書いたが、地理学者であるS・ガーフィールドの論によると、自律型の男性は他人に道を尋ねることに抵抗があり、さらに現在の一般の地図は「男性が男性向けにデザインしているからではないか」という。そう考えて、地理学者と心理学者、人類学者とが共同研究・実験をした結果、距離を推測するとか、従来のコンパスを使っての方向理解とかは、男性のほうが有意に優れ、ランドマークを記録するとか、口頭で地図面を説明するとかは、むしろ女性が優っていることなどが判ったという。ランドマークを地図上に具体的に書き入れると、それを目当てに女性は行動するという。これは人間ではなく、ネズミの雄と雌でも同じようなことが知見されるよし。雄と雌とでは着目するものが相異なるのである。これらの違いの原因は、人類がアフリカのサバンナで狩猟、採集を行っていた時代にまで遡るのではないかともいう。

なお、ヒトだけでなくあらゆる動物そして植物について検討して判っていることは、雌のほうが雄よりも個体としての寿命は平均して長いという事実である。その原因はよく判っていないが、これは僕の勝手な推論だが、とにかく生物世界ではアダムとイヴの神話とは逆に、女性体が男性体よりもこの世に早く誕生したからではないかと思われる。女性が生殖の必要上、男性を創り出したように思われてならない。

VI章—5

地理人の知恵と歴史人の知恵

ロンドンの街中の本屋さんの棚を覗いてみると、地理に関する書籍の棚に広いスペースが割かれていることに気が付く。それに引き換え、わが国の東京あたりの大書店の棚を見ると、地理書だけまとめて並べているような店はまず絶無である。それに対し、日本では歴史書（ことに日本史関係）の棚はずいぶんと広い。月刊雑誌でも、歴史についてのそれは通俗的なものだけでも『歴史と人物』とか『歴史通』のようにいろいろ雑然とあるのに対し、地理関係の月刊誌は影も形もない。一番の大宗は古今書院の月刊『地理』、次いで日本地図センターの『地図中心』あたりであるが、丸善のような大書店でも、必要な号はわざわざ発行所から取り寄せ注文しないと手に入らない。「注文雑誌は、書籍と違って取り寄せたら返本ができませんから、そのお積りで」などと釘を刺される有様。月刊の『地理』も体裁、装丁は至って見窄《すぼ》らしい。以上の対比で判るように、日本では歴史本に対し地理本は、読書人一般から甚だしく疎んぜられている。なぜであろうか。

僕は西洋のすべての国々で調べたわけではないが、少なくともアングロサクソン国家の英米では、国民一般の次元で、地理とか地球関係の文献一般は幅広い一般読者層を得ている。米国のナショナル・ジオグラフィック協会が発行している有名な『ナショナルジオグラフィック』は、一三〇年の長い伝統をもち、現在読者八五〇万人と、世界中の多くの国々で各国語版が発行されている。日本語版も、本国誌と同じ特徴ある濃黄色の縁取りだから、大書店の店頭などで見掛けられた方も少なくはないであろう。米国で歯医者などへ行くと、必ずと言ってよいほど、この黄色枠の月刊誌が待合室の机上に置かれているのを、読者は見出すであろう。日本ならさしづめ週刊誌並みである。

日本人と英米人とのこのような差異は、いったい何に由来するのであろうか。一口に言って、イギリスという国は、数百年にわたって世界の〝七つの海〟を支配し、その植民地は全地球範囲へ拡がった大帝国である。したがってイギリスの国民全体が世界地理や地誌に強い関心を寄せるようになっているとしても、決して不思議ではない。ただこれも、地理好き国民だから地球大にまで国土を拡げるようになったのか、それとも領土を拡大するに至った過程で、地理に強い関心を懐むようになったのかは判然としない。恐らく両方であろう。日本人の場合は、ちょうどその逆で、国内だけでせめぎ合い、国土的野心が乏しかったから、狭い島々に跼蹐《きょくせき》し、人びとは地理事象に強い関心を伝統的に持たないまま今日に至っているのであろう。とにかく、結果論的にアングロサクソン民族国家は「海国」となり、大和民族社会は「島国」に終わってしまったのである。前者では女王様自身が海賊の親玉として先頭に立って国の采配を揮い、後者では歴代の天皇様は優雅に和歌などを詠んで国内平和を楽しんでいらしたのである。

地理と歴史の学修比較

僕は毎年、大学入試センターが発表している入試問題にはすべて目を通しており、当然ながら地理と歴史の入試問題の内容も詳しく目を通している。それで判ったことは、歴史科の問題の大部分は、そこで要求される知識の内容は、人の教養としては確かに重要なそれであるにしても、社会生活を将来営む上での実用目的には直接ほとんど役に立ちそうもない内容のものばかりであるのに対し、地理科（自然地理、人文地理を含めて）の問題のほうは、彼らが卒業後に企業などへ入ったりした場合、仕事実務の上で何らか直接、間接に役に立ちそうな実際的内容のものが、一〇問のうち三問くらいは出題されている。僕はここで、若者たちが内外の歴史的諸事実を学ばなくてもよいとか、歴史学が学問として無用の学問であるとかを言おうとしているのではない。言いたいことは、人が社会人として将来、国の内外でさまざまな実務仕事をしていく上の判断に必須な知識が、高校の地理科の授業内容にはたくさん含まれていることを強く評価したいのである。

地理と歴史の学修を比較してみて判ることは、まず前者は後者よりも学修に多くの時間と費用が掛かるという点である。僕の小学校の時代ですら、歴史科の授業は一般の教室で教科書を広げて学ぶだけだったのに対し、地理科の時間は、地理教室という特別な部屋で行われていた。そこには大きい掛地図とか、視覚教育のための幻灯機（今で言うとプロジェクター）のようなものがいろいろ用意されていて、映写のときは窓に黒幕を引いて部屋を暗くしたものである。これに引き続く戦後の小学教育体系のなかでは、地理教育は驚くほど退化してしまっているようである。[*4]

そもそも地理科教育では、必要な教材を一通り揃えるには実物ないし準実物のような模型がいる。歴史科教育でも、やや高度に専門的な考古資料などを使うとすれば話は別だが、自然地理や地学の学修のほうは手で触れられる実物標本の花崗岩とか安山岩とか、蛇紋岩とか橄欖岩とか、生徒が実物に手を触れ、眼で見ないことには理解できないものばかりである。とにかく地理は具体的な、フィジカルな学問であって、実物教育が必須である。[*5] 僕は本書のなかで、とにかく実物に触れることで知恵が育まれることを強調してきたつもりである。地理学修は人の広範な知恵の創出には大変役に立つ。

地理で世界や地球を学ぶためには、学校だけではなく、それぞれの家庭で居間とか茶の間とかに、せめて立体世界地図としての地球儀くらいは備え、世界各地のニュースなどをテレビで視るときも、家族揃ってそれを囲めるようにしたいものである。僕の師の一人であった東大工学部の森口繁一教授は、必ず地球儀を前にして、学生との授業や友人との討論をされていた。僕は静岡県立大学の経営情報学部を定年で辞したのであるが、その際大型の地球儀を一台、研究談話室へ寄贈して去った。しかしながら、はたして後輩の先生諸氏がそれを日常的に使って、知恵を出すよ、す、が、にしてくれているかどうか、やや心許ない。文系の学問をしてきた人たちは、どうも地図とか地球儀とか実物に近いものを眼の前に置いて、思索したり発想したりする習慣がもともとあまりないようである。なお伝統的な地球儀は、現在の世界を国別の色分けで表示するにとどまっているが、最近の進んだ地球儀は、地球上の国別の現状だけでなく、各時代ごとの民族の住んでいた地域とかその動態とかを、電子仕掛けで表示してくれる。さらに歴史時代だけでなく、四〇億年の地球全史をも、球面上に映し出して見せてくれるようにも進歩しているのである。こういった地球儀が手許にあれば、僕らは人類が棲んできた地球環境上の変化を、短期的にも長期的にも目の当たりにすることができる。また、こういった地球儀を使えば、地球上の未来の気候変動とか、さらに植生分布の変貌とかまでをも、シミュレーション的に表現してみることも可能であると思う。

地理を軽んじがちな日本人

とにかくわが日本民族は、長きにわたって四つの島のなかに跼蹐して、自分たちだけの過去の歴史を楽しみ、現在についての地理的な目をあまりにも疎んじてきた。一八世紀末の林子平は、世界に目を向けよと『海国兵談』を著したが、時の幕府の忌諱に触れるところとなった。幕末のインテリたちなども、頼山陽の『日本外史』のような日本史書ばかり耽読して育っていたが、世界地図はおろか、日本周辺の海図とか地勢図とかを熟視することさえもまったく疎かにしていたようである。わずかに伊能忠敬（武士ではなく名主の身分であった）が日本の全国土を精測し、またその教えの下で育った間宮林蔵が列島の近海を探検している。彼らは例外的に科学偉人であったと言える（地理、歴史とは直接関係はないが、蘭医の華岡青洲とか篤農家の青木昆陽などの実学者の名も忘れ難い）。

僕はこの節で、歴史を軽んぜよなどと言っているのではない。地理への目をもっと大きく開くことの必要性を述べているのである。

日本という国土は、北から南へ長く、もともと地勢も複雑で、気候も変化に富み、動植物の種類も豊かである。もっと現代日本人は、地理的諸事象に興味、関心を寄せたいものである。節の冒頭でも述べたように、歴史に較べて地理へのそれがあまりにも弱い。僕たちはこの国土を、改めて地理の目で見直していきたい。伊勢神宮の森も春日大社の杜も、歴史的存在物としてだけでなく、日本の麗しい地理的景観の現れと感じてほしい。そこに歴史とともに地理を体感してもらいたいことである。[*6]

外国から日本へ空から入ってきて、まず気の付くことは、上空から眺めたこの国土の地理的美しさである。瀬戸内海、中部山脈から富士へかけての山々、身贔屓で言うのではなく、調和のとれた風景は何とも言えず美麗である。日本人が地理に目覚める瞬間であろう。

VI章―6

若者の知恵と老人の知恵

この章では、もろもろの対立項を取り上げ、知恵の視点でそれらの比較考察を試みてきた。この最後の一節では、老人と若者を対比項として眺めてみることにしよう。

まず老人の知恵であるが、それの特徴を一口で表現するとすれば、それは**経験知**ということになるのではないかと思う。老人は、その長い人生の間にさまざまな事件や状況を体験してきている。その積み重ねの上に老人の諸々の知恵（とくに処世知）は形成されており、確かにそれらは価値物であるには違いない。

これに対比して言うならば、若者の知は**理論知**ということになろうか。若者は、物事について万事体験が乏しいとすれば、それらを理屈で割り出して処理するしかないであろう。

こう対比してみると、老人知のほうが若者知よりも内容的に豊富で含蓄もあり、優れているように一応思えるが、一概にそうとばかりは言い切れまい。なぜなら、昨今の情報社会は、時代の変化が目まぐるしく速く、昔日の経験は現在ではあまり役に立たないのみか、しばしば有害ですらありうるからである。

老人は昔から頑固だと言われているが、情報時代にあっては、その頑固さ、保守性の面が正面に出てくるから始末が悪い。もっとも、頑固さという徳目は、老人本人が制御してこれをうまく現代に生かせば、逆に世の役に立たせることができなくはないかもしれない。

ところで、若者といえども、生きる限りいずれは誰もが老人になるに定まっているから、若いうちに自分の高齢化に備えて諸々の対応策を考えておくことは悪いことではない。そこに彼の生涯を通じての知恵発揮の、巧拙の開きが出てくる。老後に備えて金銭面の蓄えを積んでおくくらいのことは誰もがすぐに思い付く対策であろうが、それだけでなく、人生行路のあらゆる面において、老後期に処する知恵を周到に巡らせておく必要がある。

具体的な例をいくつか挙げれば、まず人は老後期を迎えると労働時間が必ず減り、余暇時間が必ず増えるから、増えた余暇時間を無為ではなく有効に生かすための趣味とか道楽とか、老人でも楽しめるスポーツとかの幅を、若いうちに拡げておく工夫がそれである。この種の趣味、道楽には、独りだけでもやれる魚釣りとか盆栽作りのようなものもあるが、僕の友人で老人ホームに入ることになって、せっかく長年育てた盆栽の処置に困った人もいた。それよりも碁、将棋のような、それを介して人間関係が生まれる趣味の類を身に付けていれば、老人ホームでもそれらは有効に生かせるであろう。俳句とか短歌などは、独りだけでも楽しめなくはないが、これも仲間があったほうが恐らくよいに違いない。なお短歌グループよりも、俳句グループのほうが、世上には断然結社数が多いという。門に入りやすいからであろう。

とにかく、老後にも親しく付き合っていける友人の数とタイプとを、若いうちから心掛けて増やしておくことは、本人の老後に備えての重要な知恵である（すべての人間にとって、良い友人は、金銭とは別な意味での貴重な「財産」であろうことは、先のⅣ章でも指摘した）。

また僕のように、九〇歳を超えるまで生きてしまった場合、コーホート（cohort）を同じくする知友の大部分は、既に他界したり、そうでなくても寝たきりになったりして、周囲を見回すと、身辺に友人は一人もいない状況が生ずる。若くて死ねば、友人が多数お弔いに来てもくれるが、長寿すると親戚のほか誰も来てくれたりはしない。僕の先輩で長寿した人が、「毎晩、ボク独りだけでワインの祝盃をあげて同窓会をやっているんだよ」と苦笑していたことを思い出す。

現に九〇歳台を迎えた僕の場合、小学校の校門を一緒にくぐった同窓の男子生徒仲間は、二、三年前までは、それでも二、三人いたが、今ではもう一人もいなくなってしまい、同窓会をやろうにも、女子ばかりということになる。それでも声を掛けてもらえればましであろうか。人間という動物は、常に群れを作って生活するのが建前であるから、普通の人なら、独り暮らしはやはり淋しい。ただ老人は男も女も最晩年は、独りを味わう運命だけは覚悟しておきたい。

さらに、こういう孤独の事態に備えるには、自分よりも一〇歳か二〇歳くらい年下の友人を、あらかじめ何人か作っておくことが具体的対策として望ましい。この種の対策を立てるには、八〇歳を超えるほどに年を取ってしまってからでは手遅れで、せめて七〇歳頃までに、五〇歳以下の若い友人仲間を作っておく必要がある。幸い僕の場合は、大学の教師を長い間勤めていたこともあり、教え子とか研究者仲間とかで、それに該当する人物が少数ながら手近にいる。自分よりも若い世代の人を友人にもって、彼らと常に交流を保つことは、世間の新しい空気に日常接するためにも、精神的な若さを維持するためにも、老人にとって必要である。

とにかく老人は、同年齢の老人同士だけで交際していると、全員とも世の中の事情に疎くなってしまっていて、たまさか老人同士で会ってみても、話題は昔の思い出話とか、健康や病気の話とか、孫、曽孫の自慢話ぐらいしかなくなってしまっている。他人に迷惑が掛かるわけではないから、本人たちさえ良ければ、それでも良いが、もっと世間と直接繫がる活きた話題で話の輪を拡げたほうが、老人が精神的な若さや健康を保つために良いことは確かであろう。僕の好きな作家、E・ヘミングウェイの小説に『老人と海』というのがあるが、そこに出てくる老漁夫と少年との交流は、いかにも清々しい。友人関係というと、日本ではとかく同窓年齢の仲間のそれだけを考えがちだが、この例のように年齢差を越えてのそれをも広く考えたいものである。

なお、世の中から引退してしまった老人仲間同士でも、そのつもりならば、お互いに議論し合ってみる価値のある前向きの話題はいくらでもある。例えば最近、大きな話題になっている「新学習指導要領案」のような内容のものは、今後育ってゆく青少年たちのためにも、年齢差を越えて声高に議論し合ってみてもよい重要な話題の一つではないかと思う。[*7] ただこの種の議論が老人仲間で成り立つためには、仲間同士をそのような話題へ巻き込んでリードするキーパースンが必要であろう。ただ老人仲間だけで集まると、とかく話題は後ろ向きになってしまう。

若者は自由度の広い分野へ

話題を若者の知恵に戻そう。現在の若者たちは自分自身を将来へ向けて、どのような進路付け行動をしようと考えているのであろうか。老人の場合と違い、若者には洋々とした将来があるはずである。

僕の小学生の頃には「大きくなったら何になりたいか」というようなアンケートを、先生がよく出して答えさせたものである。手許にある小学四年生のときのクラス全員の回答を見ると、軍国主義時代だったから、「軍人になる」、それも「陸軍大将」だの「海軍元帥」だのと答えた生徒がクラスの半分以上いた。「機関車の運転士」にという答えも散見された。僕はそのとき「大学の先生」かそうでなければ「会社員」に、と書いている。つまり「実業家」である。僕のほかにT君という「会社員」志望が一人いた。このような現実味のない夢のような将来願望は、中学生以上になるとどんどん消えていく。

ところで、現在の若者たちは、自分の将来像をどのように頭に描いているのであろうか。僕をして意見を言わせてもらえば、若者は将来に向けてなるべく自由度（これは統計学の用語である）の広い活躍分野へと進路を選ぶよう、行動舵を取ってほしいと思う。すなわちＡＩなどが今後さまざまな分野で急速に広がることを考えると、将来時点でロボットなどに取って代わられる可能性が高い職業へ自分の人生方向を賭けることは、とにかく考えものである。また将来は、今よりも平均寿命は必ず伸びるから、長生きしても続けられるような職業方向を選択することは、決して悪いことではあるまい。

人はどのような職業方向を目指すにしても、これからの時代は外国語の素養は不可欠である。読む力もさりながら、自分の考えを外国語で自由に文字表現できるようになっていたい。外国語も日本語も話す力だけでなく、書く力を持つようになっていることが必要である。そのことはⅢ・４節でも具体的に述べた。どんな職業分野へ進むにしても、文章力をしっかり鍛えておくことは一生の得である。

また身に付ける外国語の種類は、英語だけでなく、複数を身に付けておくことは、さまざまな意味で職業選択上も有利だと僕は痛感している。英語ともう一つ何か日本人があまり学ばない（韓国語とかインドネシア語とかアラブ語とか）日本では少数言語を、英語ほどには高レベルでなくてもよいから、日常的に通用するレベルくらいまで身に付けておくと、国際化時代にはいろいろな点で、人生行路上に有利である。

なおこの節の掉尾に、若い人たちにアドバイスしておきたいことは、日本語にせよ外国語にせよ、自分が使う言語に関しては、書くにせよ話すにせよ、語彙（vocabulary）をできるだけ増やしておきたいものである。語彙を豊かにしておくと、個性的な文章が書けるし、人間の品格も上がる。

老人に必須の知恵

本節の結びに入る。若者には若者らしい知恵が必要であるし、老人には老人らしい知恵が求められる。若い人にはあまり必要がないが、人が老後になってぜひとも必要な実際的な知恵を、本節の最後に一つだけ挙げておこう。これは僕自身の体験である。

それは八〇歳を過ぎたら歩行するときに、杖を必ず持って歩く分別が必要だということである。僕は脚が悪いから、外出のときだけではなく、家のなかでも二本の杖を突いてよちよちと行動している。廊下などに手摺りを付ける方法もあるが、これは健常な家人たちの行動を甚だ妨げる。街を歩いていると、杖を持っている人をときどき見かけるが、ちゃんと杖を杖らしく正しく突いて歩いている人はほとんど見かけない。チャップリンのように伊達で杖を持つならば別だが、それなら象牙とか黄金の飾りの杖ででもないと駄目であろう。

統計数字で見ると、八〇歳を超えた日本人男性のうち、三人に一人は歩行中（あるいは入浴中など）に転倒を体験し、多少ともその後遺症を引きずっているというデータがある。高齢者が杖を常用することの効用は複数あるが（これについては、去日八三歳で亡くなった永六輔が詳しく具体的に書いている）、まず杖を突いて街を歩くと、自転車に乗っている人が正面から打《ぶ》つかってこないことである。自転車で通っている人は、歩行者のほうが当然避《よ》けるものと思っているらしく、自分のほうからは避けようとしない。しかし、さすがに僕のような二本杖の歩行者は不憫と思うらしく避けてくれるが、わが家内などは歩いていて二、三年前に自転車の人に後ろから追突されて大怪我をしている。

とにかく高齢者は、道が凍っていたりして滑って転んだりしがちだが、僕がここで一つ旨い知恵を出すと、人は転ばぬ注意もさりながら、それよりも二本足の人間は転ぶことはそもそも不可避との前提で、転んだときに「上手に転べる」訓練を、平素からしておいたほうがよいということである。それは柔道の要領で、「転倒する」と感じたら、地面に手を突いたりする（これは危ない！）のではなく、躰を丸くして地面にゴロッと倒れるように動作することである。頭を打たないように。また、転んで手を突いたりすると骨折の危険もあるから、躰ごと丸くなる。服が泥だらけになるくらいは覚悟して。僕は七〇歳までは山登りをしていたから、山道では躓き転倒するのは慣れているけれども、平地でも夜間、足許が暗かったりすると、思いがけず転倒したりすることは、誰でも十分考えられる。そのときも、丸くなって倒れるように動作すると、少なくとも怪我はしない。僕は若い頃ドイツのシュワルツ・ワルドの森を夜間歩いていて躓き、丸くなって転んでオーバーをひどく汚したが、躰はまったく無事だった記憶がある。

行動上の知恵というのは、何も難しいことではなく、頭や躰でとっさに機転を利かす能力のことである。山登りなどを習慣にしていると、何かのときも躰が反射的に動いて危険を避ける。分子生物学者でノーベル賞候補とも言われていた木村資生博士は、自宅の風呂場で滑って転倒し、頭を打って不慮の死を遂げている。山登りで岩登りなどをしていると、必ず「三点ホールド」という歩き方をして滑落を防ぐ訓練をさせられる。木村も三点ホールドを風呂場で実践していたら、災難は避け得たと思うことである。

＊1 たまたまこの稿を書いているとき、東京工大の大隅良典氏に二〇一六年度のノーベル医学・生理学賞授与が決まった。氏の研究経歴を見ると、東大は本郷ではなく駒場の基礎科学科の出身だ。筆者自身もかつて駒場キャンパスに三〇年間ほど職を奉じた経験があるが、駒場の良いところは、学問上の先輩、上役の重石《おもし》の軛《くびき》の束縛がなく、研究者本人の発想で、研究テーマなども決められる自由な学風にあった。大隅氏も、そういった学風の影響のもとで、独自の研究を進めたようである。

＊2 僕が在籍した東京大学はいわゆる総合大学で、同一のキャンパスのなかに、専門を互いにまったく異にするさまざまな学部の研究棟があった。研究棟は別でも、教員食堂は一緒だから、そこでさまざまな領域の研究者と顔を合わせる機会があり、会話のなかでいろいろな物の考え方があることなども教えられ、啓発させられたことである。単科大学だとそうはいかない。

＊3 次の二冊は参考になる。
アラン・ピーズ、バーバラ・ピーズ『話を聞かない男、地図が読めない女』藤井留美訳（主婦の友社、二〇〇二年）
五百田達成『察しない男、説明しない女』（ディスカヴァー・トゥエンティワン、二〇一四年）

＊4 僕の小学校時代の義務教育は小学六年どまりで、当時は中学校へ進む生徒は、いわばエリートであった。したがって地理とか地学とかのような教育内容や教材が必要な課目は、義務教育年限が延長されると小学校レベルから外され、上級の学校へ移されてしまったように思われる。旧時は、小学校の課程へさまざま

高度なものまで詰め込まれ、六年生の国語読本には、高校以上で教えてもよいような公民的な教材までが押し込まれていた。六年生の作文では、文語文とか候文による作文なども課せられていた。僕は、文語文は簡潔だから好きで、今でも自分用のノートなどは文語で認《したた》めている。

＊5　茶の間で視るテレビも「歴史物」はすこぶる多い（歴史物ばかり！）が、「地理物」は皆無に近い。ただ最近の注目すべき例外として『ブラタモリ』という地理現場ルポ番組がある。歴史物のような半分作り話ではなく、タモリ本人が現地に足を運んで、現地の地理専門家らしい人から現場でその説明を受けている。タモリ本人も、地形とか地質とか岩石についてはかなり詳しい。広島市の三角州なども、わざわざその生成現地まで出掛けている。歴史と違って実物に触れないと、視聴者に地理は解説できないのである。その番組は、本稿を書いている時点ではまだ進行中のようだが、『ブラタモリ』は日本国内だけでなく、ゴビ沙漠とかヒマラヤの氷河地帯とかへも足を延ばしてレポートして欲しいものである。

＊6　なお本節を読み、地理と歴史との重なり合いの面白さに注目してくださった読者のために、いくつかの参考書を挙げておきたい。
宮崎正勝『風が変えた世界史　モンスーン・偏西風・砂漠』（原書房、二〇一一年）
朝倉正『気候変動と人間社会』（岩波現代選書、一九八五年）
鈴木秀夫『風土の構造』（講談社学術文庫、一九八八年）
鈴木秀夫『超越者と風土』（原書房、二〇〇四年）
E・ル＝ロワ＝ラデュリ『気候と人間の歴史・入門』稲垣文雄訳（藤原書店、二〇〇九年）
和辻哲郎『風土　人間学的考察』（岩波書店、一九六三年）

＊7　最近日刊新聞紙上などを賑わしている「新学習指導要領」は、これまでの知識詰め込み一方の学校教育を、かなり大幅に改めることができると思われるが、これがうまく作動するためには、まず指導する教師側の頭の切り換えが必要で、これはかなり難事だと思われる。なぜなら、今の教師連はいわゆる「ゆとり教育」を若い頃受けていて、僕に言わせると痴呆化している。

結びの章

人の知恵の出し方は文化圏ごとに相異なる。英国人には英国人なりの、ドイツ人、フランス人、イタリア人、そして日本人には日本人なりの知恵の出し方がある。したがって、同じ状況に直面した場合、民族ごとに相異なった方向、相異なった強さで知恵を働かせることになる。

イギリス人の知恵の働かせ方に比べて、日本人の知恵はいかにも浅知恵である。イギリス人の知恵は深い思慮に根差している。前者をサル知恵と言うなら、後者はライオン知恵とでも言えるように思えるが、いかがなものであろうか。もっとも、サルはなかなかの知恵者ではあるが…。

「あとがき」を兼ねて結びの章とする。

本書は、そのタイトルでも示したとおり「(形而下的な) 知恵の出し方」をめぐる実際的な考察である。そもそも知恵とは、どのような概念なのか。どうしたら人は旨い知恵を絞り出すことができるのかを、さまざまな状況や場合に即して考察し、いろいろと書き連ねてみたのが本書である。

このテーマは、実は僕のアタマのなかのどこかに長年蟠《わだかま》るように座り込んでいて、いつの日にかは外に引き摺り出して、その正体を見極めてみたいと考えていたものである。僕のこれまでの歳月は、専門分野の思索に感《かま》けて、そこまでは手が及ばなかったのであるが、九〇歳という年になって、今ようやくその機会に巡り合えた。

冒頭の章でも述べたように、知恵とかwisdomという言葉は、かつて学術語としてはまったく陽の目を見たことのない、ごく有り触れた日用世界の言葉である。宗教とか哲学とかの領域で、形而上的な含意で使用されたことはあるけれども、形而下的(physical)な次元での知恵については、かつて正面から論《あげつら》われたことがない。したがって知恵について参考になる文献らしい文献は皆無に近く、筆を執るにあたっては、何から何まで自分の貧しい頭で捻り出すしかなかった。巻の筆を擱いて振り返ってみて、理屈っぽい文章を連ねたわりには、内容の浅い作文に終わってしまったのではという懸念が、頭から去らない。

知恵を論ずるにあたっては、本書のように、その「絞り出し方」を考えるほかにも、まだいろいろなアプローチの仕方があろう。「知恵の種類について考える」とか、「知恵の役割について考える」などがそれである。「人間以外の存在、例えば人工知能（AI）が人間のように精妙（delicate）な知恵を出すことができるか、（現在はともかく将来においては）できるようになるであろうか」といったような問題なども、考察してみる価値は十分ありそうである。

知恵（だけでなく知一般）という概念は、道徳的、理論的にはニュートラルな概念であることに留意しておきたい。僕は本書のなかで、しばしば「良い知恵」というような表現を使っていたが、これは道徳・倫理的な意味で「良い」という意味ではなく、「ある目的を達成するにあたって、合目的的である…」といったような意味である。しばしば言われる「悪知恵」のような邪悪な知恵も、その意味では、目的の達成という観点に照らして「良い」か「悪い」かが定まる。

「他者をうまく騙す」などは、すべて悪い知恵だと思われがちだが、弱者が強者をうまく欺いて生き延びるなどは、道徳・倫理的に見ても必ずしも悪いことではあるまい。動物などの世界でも、その身を護るために擬態（camouflage）することなどはしばしばあるが、これも難を逃れるという目的を達成するには「良い知恵」であることは言うまでもない。その意味では、地球上の生物の世界は個体と個体とが、あるいは種と種とが、それぞれありったけの知恵を絞って互いに騙し合いをしている世界であり、人間の歴史などは、人間同士が欺き合った歴史であると言っても過言ではない。良い知恵、旨い知恵を出した者が生き残り、勝ち残るということである。その意味では、知恵はとりわけ「弱者が生き延びる（survive）ための武器」だと言える。強者は力に頼るが、弱者は知恵に頼るしかない。僕は子供の頃から弱虫であり、腕力を必要とする喧嘩などでは、いつも弱者であり敗者であった。年が長じて後も、知恵で生き延びざるを得ないことの必要性を人一倍痛感していたのも、僕自身の生い立ちに負うところが大きい。本書は、その一所産と見なして下さってもよい。

最後に、この、あまり読みやすいとも思えない拙著を辛抱して付き合ってくださった方へ一言。この本は、研究者、技術者のように、もともと知恵を出すことを本業としておられる方よりも、日常的にはあまり知恵などに頼らず、もっぱらルーティン的な知識に依存して日々の仕事をこなしていらっしゃる方――例えば路線トラックの運転手さんとか、家庭の主婦の方とか、小学校や保育園の先生方とか――などに、ぜひ読んでいただきたいと僕が強く思っていることに触れておきたい。そういった方々に、ぜひ本書を読ませてあげてください。表現にやや生硬なところもあるが。

ルーティン的な仕事あるいは職業は、その日々の業務を遂行するに際して、一定の知識さえあれば務まるものである。しかしそういった仕事、業務でも、いろいろと工夫を凝らし、あれこれと知恵を絞っていると、そこに新規の知恵の発見が可能であり、そこに進歩がありうるものである。万物の霊長であるヒトは、ハチとかアリとかのように、毎時毎日同じ動作を繰り返しているだけでは能がなく、個々人ごとにも、日々独創性（originality）を発揮して、本人自身の、そして人間社会全体の、進歩に貢献していきたいものである。一人ひとりの人が創り出した知恵が、交互の情報交換を通じ、やがて集まって社会全体の知識になっていくことは、人類の過去の歴史を顧みて、よく理解されるところである。同じ作業ばかりルーティン的に繰り返していると、その作業は近い将来、すべて人工知能ロボットに取って代わられるようになってしまう。

なお本書では、冒頭でも記したように、「人の知恵」を「個人が（個人単位で）生み出す知恵」だけに限定して考察した。人が複数集まって集団（企業など）を作り、集団を単位として生み出すさまざまな知恵については一切触れなかった。それを書くには、本書とは別に一書の筆を起こす必要がある。

以上をもって本書は畢る。

読者の中には、お前さんは次にどんな本を書くんだね、と尋ねる人がいるかもしれない。本書の続編などを書く材料は充分あるが、それよりも何かまず書くとしたら、『理論と実際』というテーマで一冊書いてみたい。「理論」と「実際」とは、学問の世界でも実務の世界でもしばしば大きく乖離している。

例えば物理学者だった故中谷宇吉郎は、彼の随筆のなかで次のような判りやすい事例を挙げている。酸素と水素をくっつけると水になることは、理論的には小学生でも知っている。しかし実際には、「H_2とOとを君に与えるから、水を造ってみよ」と問われたら、学者でもそう簡単にはできないらしい、と。

理論と実際とのこういう乖離現象は、自然界でも実際社会でも極めて多い。このテーマに挑戦してみたいものです。ただ九一歳となる僕にそれだけの時間的余裕が残されているかどうか…。

12ページ注＊1の答：(1)バス、(2)折り紙、(3)百人一首、(4)たこ（蛸、凧）、(5)時間（つまり時差）

な行

は行

ま行

や行

ら行

わ行

索引（人名）

あ行

か行

さ行

た行

［著者］

林 周二

1926年（大正15年）生まれ。東京大学名誉教授、静岡県立大学名誉教授。統計学、経営学専攻。1948年、東京大学経済学部卒業。東京大学講師、助教授、教授（教養学部）を経て、静岡県立大学経営情報学部初代学部長、明治学院大学経済学部教授、そのほか、を経て一線を退く。賞罰なし。『マーケティング・リサーチ』（ダイヤモンド社、1958年）、『流通革命』（中公新書、1962年）、『現代製品論』（日科技連出版社、1973年）、『経営と文化』（中央公論社、1984年）、『比較旅行学』（中央公論社、1984年）、『現代の商学』（有斐閣、1999年）、『研究者という職業』（東京図書、2004年）等、著書多数。

知恵を磨く方法
——時代をリードし続けた研究者の思考の技術

2017年３月16日　第１刷発行

著　者——林 周二
発行所——ダイヤモンド社
〒150-8409　東京都渋谷区神宮前6-12-17
http://www.diamond.co.jp/
電話／03･5778･7232（編集）　03･5778･7240（販売）
装幀————松田行正
本文デザイン+DTP—桜井淳
製作進行——ダイヤモンド・グラフィック社
印刷————慶昌堂印刷
製本————ブックアート
編集担当——木山政行

ISBN 978-4-478-10125-4